古代歷史文化 研究輯刊

九 編

王 明 蓀 主編

第 16 冊

鄭和下西洋研究論稿（下）

張 箭 著

國家圖書館出版品預行編目資料

鄭和下西洋研究論稿（下）／張箭 著 — 初版 — 新北市：花
木蘭文化出版社，2013〔民 102〕

目 2+168 面；19×26 公分

（古代歷史文化研究輯刊 九編；第 16 冊）

ISBN：978-986-322-197-5（精裝）

1. 航海　2. 國際貿易史　3. 中國

618　　　　　　　　　　　　　　　　　　102002676

ISBN-978-986-322-197-5

9 789863 221975

古代歷史文化研究輯刊

九　編　第十六冊　　　　　　　ISBN：978-986-322-197-5

鄭和下西洋研究論稿（下）

作　　者　張箭

主　　編　王明蓀

總 編 輯　杜潔祥

出　　版　花木蘭文化出版社

發 行 所　花木蘭文化出版社

發 行 人　高小娟

聯絡地址　235 新北市中和區中安街七二號十三樓

　　　　　電話：02-2923-1455／傳眞：02-2923-1452

網　　址　http://www.huamulan.tw 信箱 sut81518@gmail.com

印　　刷　普羅文化出版廣告事業

初　　版　2013 年 3 月

定　　價　九編 27 冊（精裝）新台幣 45,000 元

鄭和下西洋研究論稿(下)

張 箭 著

目次

下 冊

文獻研究篇

記載下西洋的「三書一圖」

　　鄭和七下西洋是明初盛事，也是世界大航海時代的開端、濫觴、嚆失。記載反映涉及下西洋的典籍文獻很多，還有明人謳歌下西洋的長篇小說《三寶太監西洋記通俗演義》。但最為集中、全面、系統記載的重要史籍莫過於「三書一圖」──即《瀛涯勝覽》、《星槎勝覽》、《西洋番國志》和《鄭和航海圖》。值此隆重紀念鄭和首下西洋 600 週年之際（1405～2005），想簡單談談這四種記載下西洋的珍貴史籍。

　　《瀛涯勝覽》由馬歡著，郭崇禮曾改編為兩卷本（萬明觀點）。馬歡字宗道，浙江會稽（今紹興）人。馬歡是回族，信伊斯蘭教（「西域天方教」），是穆斯林，懂阿拉伯語。因「善通番語，遂膺斯選。三隨軒輻，跋涉萬里」（《瀛涯勝覽·後序》）。他先後參加了第四次（1413 年）、第六次（1421 年）、第七次（1431 年）下西洋，以翻譯的身份和親身的經歷把所到各國的見聞撰寫成書。書中記載了占城（今越南南部）、爪哇、舊港（今印尼的巴領旁）、暹羅（今泰國）、滿剌加（今馬來西亞的馬六甲）、啞魯（今印尼阿魯群島）、蘇門答剌（臘）、那孤兒（今蘇門答臘島西北部）、黎代（今蘇門答臘島北部）、南浡里（今蘇門答臘島西北部）、錫蘭山（今錫蘭－斯里蘭卡）、小葛蘭（今印度西海岸南端奎隆）、柯枝（今印度西海岸柯欽）、古里（今印度西海岸科澤科德－卡利卡特）、溜山（今馬爾代夫）、祖法兒（今阿曼沿海佐法兒）、阿丹（今也門亞丁）、榜葛剌（今孟加拉）、忽魯謨廝（今伊朗霍爾木茲海峽沿岸）、天方（今沙特阿拉伯麥加）等二十個國家和地區的情況。每一個國家都單獨成篇，皆記錄前去的航行路線。是書以簡潔的文字對其位置、沿革、重要都會港口、山川地理形勢，社會制度和政教刑法，人民生活狀況，社會風俗和宗

教信仰，生產狀況、商業貿易和氣候、物產、動植物等做了翔實而生動的敘述。該書對同一個國家的描述在下西洋的「三書」中最為具體詳賅。為研究15世紀初這些國家的基本狀況，提供了珍貴的資料。如同馬歡自詡那樣：「俾矚目者一顧之頃，諸番事實悉得其要」（《瀛涯勝覽·自序》）。該書是研究鄭和下西洋和中西交通史的基本史籍之一。

《瀛涯勝覽》成書於1451年，有《紀錄彙編》本、《國朝典故》本、《勝朝遺事》本和《三寶征彝（夷）集》本。1935年馮承鈞先生據前三種版本做《瀛涯勝覽校注》，商務印書館列入「史地小叢書」內出版，1955年中華書局重印。這也是今天較易找到的該書鉛印本。《瀛涯勝覽》影響最大，明代便有張昇改正本；當代日本有小川博譯注本《中國人の南方見聞錄》，英美有米爾斯的英語譯注本《大洋沿岸全觀》（J. V. G. Mills: The Overall Survey of the Ocean Shores）。

《星槎勝覽》的作者費信，字公曉，吳郡昆山（今江蘇昆山）人。年十四時，代亡兄當兵，戍江蘇太倉。二十二歲時，「選往西洋，四次隨從正使太監鄭和等至諸海外，歷覽諸番人物風土所產」（《星槎勝覽·自序》）。費信先後參加了第三次（1409年）、第四次（1413年）、第五次（1416年）、第七次（1431年）的下西洋，是下西洋史地「三書」的作者中下西洋次數最多的作者。費信說他「二十餘年，歷覽風土人物之宜，采輯圖寫成帙」（《星槎勝覽·自序》）。這似乎說該書原配有繪畫插圖（包括地圖海圖）。但後來插圖亡佚，沒人見過（估計是插圖未曾刊刻行世）。《星槎勝覽》分前後兩集。前集所記占城國、賓童龍國（今越南南部）、昆山（今越南南部）、崑崙山（今越南崑崙島）、交欄山（今印尼加里曼丹亞格蘭島）、暹羅國、爪哇、舊港、滿剌加國、九洲山（馬來西亞霹靂河河口）、蘇門答剌（臘）國、花面國（蘇門答臘西北布臘斯島）、翠蘭嶼（尼科巴群島大尼科巴島）、錫蘭山國、小唄喃國（今印度奎隆）、柯枝國、古里國、忽魯謨斯國、剌撒國（今也門木卡拉附近）、榜葛剌國（今孟加拉）——均為費信親身遊歷過的國家和地區。後集所記真臘國（今柬埔寨）、東西竺（今新加坡一帶）、淡洋（印尼蘇門答臘泰咪昂地區）、龍牙門（新加坡以南印尼林加群島）、龍牙菩提（今馬來西亞淩加衛島）、吉里地悶（今東帝汶）、彭坑（今馬來西亞東海岸彭亨河地區）、琉球國（今日本沖繩）、三島（今菲律賓呂宋島一帶）、麻逸國（今呂宋島）、假里馬打國（今印尼加里曼丹西部卡里馬塔島一帶）、重迦邏（印尼爪哇北岸泗水）、渤泥國（加里曼

丹西北汶萊）、蘇祿國（今菲律賓蘇祿群島）、大唄喃國（疑在唄喃－小葛蘭－
奎隆附近）、阿丹國、佐（祖）法兒國、竹步國（今索馬里朱巴州地區）、木
骨都束國（索馬里摩加迪沙）、溜洋（山）國、卜剌哇國（今索馬里巴拉韋一
帶）、天方國、阿魯（群島）國等國家和地區，均為采輯舊說傳聞而成，其中
有些內容採自元代汪大淵的《島夷志略》。所記四十餘國對其位置、沿革、都
會、港口、山川地理形勢，社會制度及政教刑法，人民生活狀況，社會風俗
和宗教信仰以及生產狀況，商業貿易和氣候、物產、動植物等，做了扼要的
敘述。該書補充了《瀛涯勝覽》所未收錄的二十多個亞非國家和地區，對於
研究 15 世紀初亞非各國，特別是下西洋船隊抵達訪問的三個非洲國家（竹步、
木骨都束、卜剌哇）的基本情況，極有價值。書中對鄭和船隊訪問各國的一
些情況，也做了記述，是研究下西洋和中西交通史的重要史籍之一。

　　《星槎勝覽》成書於 1436 年，比《瀛涯勝覽》更早。凡《星槎》與《瀛
涯》相同的篇章——國家和地區，《星槎》都甚為簡略，《星槎勝覽》於條目
正文之後皆有一首（紀行）詩，簡扼吟誦前面的內容，這在形式上算一種創
新。

　　《星槎勝覽》原本今可見者有《國朝典故》本，羅以智校傳抄明鈔本，
羅振玉影印天一閣本。1938 年馮承鈞以羅以智本為底本，參校一、三兩本，
成《星槎勝覽校注》，商務印書館列入「史地小叢書」內出版，1954 年中華書
局重印。這是今天較易見到的鉛印本。《星槎勝覽》當代有英美人米爾斯翻譯、
德國人普塔克注釋的英語譯注本《星槎（上）的全觀》（J. V. G. Mills trans,
Roderic Ptak annotated: The Overall Survey of the Star Raft）。

　　《西洋番國志》的作者為鞏珍。鞏珍號養素生，應天（今江蘇南京）人，
兵士出身。宣德五年（1430 年）鄭和最後一次下西洋，他為幕僚隨和往還三
年，歷國二十餘，憑通事轉譯，詢悉各國事蹟。向達先生認為鞏珍所據的通
事多半指馬歡，大概他利用過馬歡的記錄。鞏珍歸後寫成《西洋番國志》一
卷。全書二十則，卷首收有未見於他書的皇帝敕書三通。《西洋番國志》在條
目篇章設置、順序、國家地區的譯名等方面與《瀛涯勝覽》一樣，在內容上
也與《瀛涯勝覽》基本類同。《西洋番國志》的文筆要好一些，如同錢曾說它
「敘事詳覈，行文贍雅」（《讀書敏求記·史地輿圖》）。《西洋番國志》成書最早，
早在「宣德九年（1434 年）（便）編次成集」（同上）。但可能因它（他）依賴
於通事（很可是馬歡）的翻譯記錄，如他自己所說「漢語番言，悉憑通事轉

譯而得，記錄無遺」（《自序》），研究性稍遜一籌。故寫成後長期未刊，未能
流行，以致於學界都以爲它失傳亡佚了。解放前夕才發現手抄本，解放後才
由向達先生整理校注，1960 年由中華書局出版鉛印本；2000 年，中華書局又
把向先生校注和整理的《西洋番國志》、《鄭和航海圖》、《兩種海道針經》三
種書合成一本再版重印。

　　《西洋番國志》的價值一方面在於比勘對校等；一方面在於它獨有的鞏
珍自序和所附的三通皇帝敕書。例如《自序》中提到的指南針－水羅盤的航
海應用：「皆斫木爲盤，書刻干支之字，浮針於水，指向行舟」。又如談到的
寶船和水船的情況：「其所乘之寶舟，體勢巍然，巨無與敵，蓬帆錨舵，非二
三百人莫能舉動」。「水船載運，積貯倉艍（儲），以備用度」——已成爲今日
耳熟能詳的常見引文。《西洋番國志》譯成英語似可譯成 The Annals of the
Foreign Countries in the Western Ocean。

　　下西洋的史地三書有個共同的特點，即都比較短小精悍簡明扼要，每本
在兩萬字左右。堪稱惜墨如金，字字珠璣。不過，較之哥倫布的《哥倫布首
航日記》（已有中譯本，約 10 萬字），維爾霍的《達·伽馬首航日記》（A Journal
of the First Voyage of Vasco da Gama, 譯成漢語約 20 萬字），皮加費塔的《麥哲
倫環球航行日記》（The Journal of Magellan's Voyage Around the World，譯成漢
語約 40 萬字），下西洋史地三書又顯得有些過於簡略。

　　《鄭和航海圖》本名《自寶船廠開船從龍江關出水直抵外國諸番圖》，後
人今人爲方便多簡稱爲《鄭和航海圖》。該圖約成於洪熙元年（1425 年）至宣
德五年（1430 年）間。原圖爲自右而左展開的手卷式，明茅元儀收入《武備
志》卷 240 後改爲書本式，共 24 頁，包括茅元儀序 1 頁，圖 20 頁，《過洋牽
星圖》2 頁（四幅）。

　　該圖繪製於第六次下西洋之後，全體下西洋官兵水手守備南京期間。其
時正值明宣宗朱瞻基醞釀再下西洋（即第七次）之際，是爲適應需要集體編
製而成。全圖以南京爲起點，最遠至非洲東岸的慢八撒（今肯尼亞蒙巴薩）
——這也是多數學者贊同鄭和遠航最遠到達東非肯尼亞的主要有力證據。圖
中標明航線所經亞洲各國的方位，航道遠近、深度，以及航行的方向、牽星
高度；一一注明何處有礁石淺灘。圖中列舉自江蘇太倉至忽魯謨斯（廝）（伊
朗霍爾木茲）的針路（以指南針標明方向的航線）共 56 線，由忽魯謨斯（廝）
回太倉的針路共 53 線。往返針路全不相同，表明船隊在遠航中已靈活地採用

多種針路以適應和利用季風洋流，體現了高超的航海技術和較高的海洋氣象科學水準。鄭和船隊所經之地均有命名。圖中地名共約五百個，其中外國地名約三百個，大大超過元汪大淵《島夷志略》所收的外國地名。

受當時科學發展水準的限制，該圖仍採用傳統的一字展開式畫法，圖中的地域大小、遠近、比例只是相對而言正確，有的地方方位甚至有錯。但只要瞭解其繪製方法，結合其所記針路及所附的《過洋牽星圖》，並以今圖對照，便可發現該圖在描繪亞非沿海各地形勢，以及認識海洋和掌握航海術方面，在當時都達到了較高的水準。所以該圖不僅是研究鄭和下西洋和中西交通史的重要圖籍，在世界地圖學史、地理學史、航海史上也佔有較為重要的地位。

《鄭和航海圖》譯成英語似可譯成 The Nautical Chart Reflected Zheng He's Voyage。研究《鄭和航海圖》有所成就者解放前有馮承鈞、范文濤、張禮千等先生，解放後有向達、鄭鶴聲、徐玉虎（臺灣）等先生。

《鄭和航海圖》今流傳於世的有明天啓刻本、清道光木活字本和康熙初年的日本刊本。現在較易見到的鉛印本有中華書局 1961 年出版向達校注整理的《鄭和航海圖》單行本和該局 2000 年重印的三種書的合訂本。

總之，記述下西洋盛事的三書一圖各有千秋，互相補充，交相輝映，相映成趣，是我們今天認識瞭解研究鄭和下西洋和明初（15 世紀）亞非各國歷史地理的基本文獻和珍貴史籍。

（原載《歷史教學》2005 年第 2 期）

馬歡的族屬與《瀛涯勝覽》的地位

摘　要

　　馬歡隨鄭和三下西洋，擔任阿拉伯語翻譯，爲下西洋的事業做出了獨特的貢獻。馬歡信仰伊斯蘭教，是穆斯林。根據他會說阿拉伯語、信伊教、姓馬，又主要說漢語用漢文寫作，我們把他的族屬識別爲回族。他是回族歷史文化名人。馬歡寫的《瀛涯勝覽》記錄了下西洋者的見聞和所到地區的概況。在「西洋」史地學三書中，《瀛涯勝覽》對同一個國家和地區的記載最詳，因而最爲重要珍貴，並且對後來的「西洋」史地學書和中西交通史書影響最大。

關鍵詞：馬歡；回族－穆斯林；《瀛涯勝覽》；價值和影響
中圖分類號：K248.105，K092.248
文獻標識碼：A

　　直接集中全面記載鄭和下西洋事情的史書有馬歡之《瀛涯勝覽》，費信之《星槎勝覽》，鞏珍之《西洋番國志》和佚名之《鄭和航海圖》（全稱《自寶船廠開船從龍江關出水直抵外國諸番圖》）。前三種書是著述（《航海圖》是非著述的圖集）。在這「西洋」史地學三書中，以馬歡之《瀛涯勝覽》的記載最為集中全面豐富。本文擬論述馬歡與《瀛涯勝覽》，討論馬歡的族屬，《瀛涯勝覽》的特點、價值、影響等問題。在隆重紀念鄭和首下西洋600週年（1405～2005）之際，對輔佐鄭和下西洋的重要歷史人物和記載下西洋的重要史書進行研究既很有必要和意義，也是推動研究深入的一個重要方面。

一、馬歡是回族歷史文化名人論

　　鄭和是回族、是穆斯林已得到公認，成為定論。馬歡也是回族、是穆斯林，則既不為人知，也無人論證。故需要首先研究論證之。

　　第一，從姓氏看。馬是漢族大姓，在宋初《百家姓》中排第52位。馬氏系承趙奢，望出扶風。這個趙奢便是常用成語「紙上談兵」中的悲劇主人公趙括的父親。在著名特大戰役秦趙長平之戰中，趙括因只擅空談不諳實戰而慘敗身歿，統率的45萬趙軍全軍覆沒。趙括之父趙奢因曾在閼與擊敗秦軍。「趙惠文王賜（趙）奢號為馬服君，以許歷為國尉」。〔註1〕唐代林寶《元和姓纂》記：「趙王子（趙）奢，封馬服君，子孫氏焉。奢孫興，趙滅，徙咸陽，扶風茂陵」。〔註2〕宋代邵思《姓解》又記：「扶風馬氏，秦姓也。初伯益之後，趙奢封馬伏（服）君，後遂氏焉」。〔註3〕所以趙奢是後世漢族馬氏的始祖。趙奢的子孫後裔最初以「馬服」兩字為姓氏，後來逐漸改為單姓馬，他們主要在陝西扶風一帶繁衍。故馬姓起源於陝西。〔註4〕

　　馬氏也是回族大姓。我們只要留心便會感到，回族中姓馬姓白的特多。現代史上，最著名的白姓回族人士莫過於國民黨桂系首腦、號稱小諸葛的軍事家白崇禧，當代則有著名史學家白壽彝……姓馬的回族人士更多，俗話說「十個回回九個馬」。這主要因為伊斯蘭教的教祖穆罕默德（Muhammad）宋元明時多被譯成馬哈麻、馬罕默德等所致。穆、馬音近，穆聖曾被稱為馬聖

〔註1〕　《史記》卷85《廉頗藺相如傳》，中華書局標點本。
〔註2〕　《元和姓纂》卷七馬韻，臺灣文淵閣版《四庫全書》第890冊第67頁。
〔註3〕　《姓解》卷二，《續修四庫全書》第1213冊第179頁，上海古籍出版社。
〔註4〕　參穆柳森編：《百家姓辭典》，海天出版社1988年版，馬氏條。

人。故回回人融合爲回族改漢姓時，許多人姓了馬。〔註5〕現代最著名的馬姓回族人士有抗日英雄、八路軍回民支隊司令員馬本齋，國民黨西北軍閥馬氏家族（馬步芳、馬鴻逵、馬福祥、馬鴻賓、馬繼援），當代著名社科學者馬堅等。鄭和本名也叫馬文和或馬和。

回族中的馬姓主要由唐宋以來特別是元代以來入華的外國穆斯林在元代明代改漢姓而來。例如，元太祖成吉思汗 1220 年西征中亞布哈拉王國時，賽典赤·贍思丁的祖父「率千騎以紋豹白鶻迎降」。〔註6〕元初，賽典赤·贍思丁歷任中央和地方各要職，頗有政績。治滇六年，很有建樹。死後被近鄰交趾的奔喪使團頌贊「生我育我，慈父慈母」。〔註7〕贍思丁逝後留有九子十三孫，以納、馬、撒、哈、沙、賽、速、忽、閃、保、木、蘇、郝十三姓別爲十三家族，是爲回族十三姓的由來與淵源。〔註8〕他們以原名首字爲姓。不過，元代回回人常有回回式漢式兩個姓名，如詞曲家哈剌——金元素等。〔註9〕

明初回族基本形成，元代的回回人入明後發展演變融合爲回族。入華內附世代定居的外國裔穆斯林普遍改漢姓取漢名。例如，西域回回定亦德，明代洪武中入附，居北京，被賜姓馬，名信，爲宗教上層人士。其子孫皆爲官。〔註10〕又如，洪武年間內附的西域回回亦剌思，至其子馬黑麻時，被賜姓馬，名馬政，即有回漢雙名。其子叫馬賽失剌，實爲漢姓回回名；其孫叫馬黃毛，仍不正規。其曾孫叫馬升。〔註11〕這時過渡痕跡消失，其姓名已成熟發展爲地道的漢式姓名。

綜上所論，馬歡姓馬，這是他的族屬爲回族的一個旁證。

第二，馬歡信仰伊斯蘭教是穆斯林，這是他的族屬爲回族的一個有力證據。與馬歡同時代的明朝監察御史古樸說「（郭）崇禮乃杭（州）之仁和人，宗道（馬歡字）乃（吳）越之會稽人。皆（信）西域天方教，實奇邁之士」。〔註12〕「天方」指伊斯蘭教聖城麥加。《明史·西域傳》：「天方，古筠沖地，

〔註5〕 參李學勤總主編，馬玉隆著：《中華姓氏譜·馬》，現代出版社華藝出版社 2002年版，第 19～21 頁。
〔註6〕 《元史》卷 125《賽典赤·贍思丁傳》，中華書局標點本，頁 3063。
〔註7〕 《元史》卷 125《賽典赤·贍思丁傳》，頁 3066。
〔註8〕 參籍秀琴：《中國姓氏源流史》，臺北文津出版社 1998 年版，第 278～279 頁。
〔註9〕 參邱樹森主編：《中國回族史》，寧夏人民出版社 1996 年版，上冊，頁 327。
〔註10〕 參林松、和龔：《回回歷史與伊斯蘭文化》，今日中國出版社 1992 年版，頁 236。
〔註11〕 參林松、和龔：《回回歷史與伊斯蘭文化》，頁 242。
〔註12〕 《瀛涯勝覽》，馮承鈞校注本，中華書局 1935 年版，1955 年重印。《後序》。

一名天堂，又曰默伽」。〔註13〕天方也統指阿拉伯。馬歡寫的《瀛涯勝覽‧天方國》也立有天方國條，曰：「此國即默伽國也。……王居之城名默伽國。奉回回教門，聖人（指穆聖）始自此國，闡揚教法」。〔註14〕所以馬歡是穆斯林無疑。而共同的伊斯蘭教（回教）信仰是回族的一大民族特徵，是聯繫和凝聚回族同胞的紐帶，同時它也蘊涵著共同的民族文化、心理素質、倫理道德、風俗習慣，等等。

第三，伊斯蘭教不只是回族的民族宗教信仰，而且還是中國回、維吾爾、哈薩克、烏孜別克、塔吉克、塔塔爾、柯爾克孜、撒拉、東鄉、保安共十個少數民族的民族宗教。所以，要辨清識別馬歡的族屬，還需進一步論證。我認爲，一個民族的首要特徵是操一種共同的語言。唐宋元入居中國的回回人主要是信伊斯蘭教的阿拉伯人、波斯人、突厥人等，分別操阿拉伯語、波斯語、突厥語族各語言。他們入華定居後與中國漢族和其他少教民族通婚，互相之間也通婚，故逐漸操雙語，即原來的民族語言阿、波、突語等和新的民族語言，如元代的蒙語（元朝是蒙古人統治的王朝，蒙語是「國語」）、漢語等。進入明代，中國大地恢復了漢族王朝，漢語是明朝的當然國語。漢語也逐漸成了回族人民共同的民族語言，成了回族群眾的母語、第一語言、主要語言。元代的回回人於是發展演變形成了回族。原來的阿、波、突諸語言到了明代只限於在回族宗教活動中使用，家庭內親戚間使用，同族源的人士間使用；且漸漸嬗變易位爲非母語、第二語言、次要語言。到了明中葉，阿、波、突諸語言在回族的家庭、社會、宗教生活中也基本消失，只有少數辭彙作爲特殊的方言、教言、族源言保存下來，夾雜在漢語之中。〔註15〕明初永樂年間，馬歡在明朝公幹，隨鄭和三下西洋（1413年，第四次；1421年，第六次；1431年，第七次）。他自然日常操明朝的國語官話漢語。他寫的專著《瀛涯勝覽》也是用漢語文寫的，而非用阿語寫成再譯成漢語的，由此可知漢語已是他的母語、第一語言、主要語言。所以我們把他識別爲回族，而非信伊斯蘭教的中國其他少數民族。

第四，馬歡同時又懂甚至精通阿拉伯語，因而在下西洋的活動中擔任阿語翻譯。他自己便說：「太宗文皇帝敕命正使太監鄭和統領寶船往西洋諸番開

倒 2 頁。

〔註13〕《明史》卷 332《西域傳‧四》，中華書局標點本，頁 8621。

〔註14〕《瀛涯勝覽》，馮承鈞校注本，《天方國》，頁 69。

〔註15〕參邱樹森主編：《中國回族史》上冊，頁 381。

讀賞賜。余以通譯番書，亦被使末，隨其所至」。〔註16〕同時代監察御史古樸在給馬歡書寫的後序中也講：「昔太宗皇帝敕令太監鄭和統率寶船往西洋諸番開讀賞勞。而二君（指馬歡、郭崇禮）善通譯番語，遂膺斯選。三隨軿輶，跋涉萬里」。〔註17〕這兩條史料只說馬歡懂番語，未明確說是何種番語，我們判斷是阿拉伯語。其依據在於：首先，阿語是伊斯蘭教的創始語言和主要宗教語言。明代還在中國回族和其他少數民族的宗教活動中使用。馬歡既是虔誠的穆斯林，所懂所用的番語便應是阿拉伯語。其次，阿語是中古 8～15 世紀時阿拉伯－伊斯蘭世界的國際通用語，廣泛流行於西亞地區、西非一部、東非一部、中亞。〔註18〕而鄭和下西洋去過的亞非三十多個國家和地區從宗教信仰上看最多的是伊斯蘭地區，其次是佛教地區，最後是印度教地區。我們從遠到近來審視梳理一下。東非、阿拉伯、波斯－伊朗、中亞早已伊斯蘭化了；南亞的今巴基斯坦、孟加拉、馬爾代夫等當時已是伊斯蘭國家；東南亞的今馬來西亞、印尼、汶萊當時均已主要信仰伊斯蘭教。〔註19〕鄭和時代「西洋」地區最主要的宗教是伊斯蘭教，最主要的流行語通用語是阿拉伯語。因此，挑選懂阿語的人士任下西洋的「通事」－翻譯是比較合適的。我們由此推斷馬歡所懂的番語爲阿語。

據此我們還推論，馬歡的先祖很可能是來華定居的阿拉伯人，馬歡家族的族源有阿拉伯血統。因馬歡說漢語、寫漢文，懂阿語，信伊教（回教），姓馬，故他當是回族人士。

二、《瀛涯勝覽》的內容和特點

《瀛涯勝覽·天方國》條末（即書末）有「景泰辛未秋月望日會稽山樵馬歡述」一語。據此可知該書成書於 1451 年。以後多次謄抄，付梓刻印。《瀛涯勝覽》有《紀錄彙編》本、《國朝典故》本、《勝朝遺事》本和《三寶征彝集》本等古刻本。《瀛涯勝覽》今天較易找到的影印本是齊魯書社 1996 年推出的《四庫全書存目叢書·史部·地理類》二五五冊所收的明祁氏澹生堂鈔

〔註16〕 《瀛涯勝覽》，馮承鈞校注本，《自序》，頁 1。
〔註17〕 《瀛涯勝覽》，馮承鈞校注本，《後序》，倒 1 頁。
〔註18〕 參張箭：《論古代中世紀的世界通用語》第二部分《中世紀東方和西方的世界通用語》，載《重慶師範學院學報》，2000 年第 1 期。
〔註19〕 參金宜久主編：《伊斯蘭教史》附錄五《世界穆斯林人口及分佈表》，中國社會科學出版社 1990 年版。

本。該書今天較易找到的線裝刻本有景明刻紀錄彙編本、寶顏堂秘笈本，等等。馬歡《瀛涯勝覽》今天較易找到的鉛印本是《瀛涯勝覽校注》，校注者為馮承鈞先生。商務印書館 1935 年初版，中華書局 1955 年重印。全書近兩萬字（不含馮注字）。《瀛涯勝覽》不分卷，設有二十個國家和地區條目。它們分別為占城國、爪哇國、舊港國、暹羅國、滿剌加國、啞魯國、蘇門答臘國、那孤兒國、黎代國、南渤里國、錫蘭國、小葛蘭國、柯枝國、古里國、溜山國、祖法兒國、阿丹國、榜葛剌國、忽魯謨廝國和天方國。該書的開頭是一首頗長的「紀行詩」，共四十句，每句七言。此詩一開始云：「皇華使者承天敕，宣佈綸（guān）音（詔令）往異域。鯨舟吼浪泛滄溟，遠涉洪濤渺無極。」接下來便詠航行訪問交往的簡況：如「天書到處多歡聲，蠻魁酋長爭相迎。……闍婆又往西洋去，三佛齊過臨五嶼。」後面寫他 「書生從役何卑賤，使節叨陪遊覽遍」。最後兩句為「重瞳一顧天顏喜，爵祿均頒雨露新」。〔註20〕

書中列有條目的二十國，皆記錄前去的航行路線，論述它的地望、環境、歷史、民族、文化、政治、社會、經濟、軍事、物產、風土人情、軼聞逸事，與寶船隊和明朝的交往等。在內容和風格上，有些類似中國傳統的地方志，旅行遊記。誠如他在《自序》中說：「隨其（鄭和）所至，鯨波浩渺，不知其幾千（幾）萬里，歷涉番邦。其天時氣候地理人物，目擊而身覆之……於是採摭各國人物之醜美，壞俗之異同，與夫土產之別，疆域之制，編次成帙，名曰《瀛涯勝覽》」。〔註21〕英宗正統年間的馬敬講：馬歡「金帛寶貨略不私己，而獨編次《瀛涯勝覽》一帙以歸。其載島夷地之遠近，國之沿革，疆界之所接，城郭之所置，與夫衣服之異，食用之殊，刑禁制度，風俗出產，莫不悉備」。〔註22〕明代古樸也稱：馬歡《瀛涯勝覽》「於輿圖之廣者，紀之以別遠近；風俗之殊者，紀之以別得失；與夫人物之妍媸，紀之以別美惡；土地之出產，紀之以別輕重。皆錄之於筆，畢而成帙」。〔註23〕下面，我們只全文引錄是書僅詳於僅大於「黎代國」條（Litai，今印尼蘇門答臘北端）的條目「啞魯國」（Aru，今印尼蘇門答臘東北），以窺全豹，以見一斑，以饗讀者。

　　　自滿剌加（今馬六甲）國開船，好風行四晝夜可到其國。有港

〔註20〕 《瀛涯勝覽》，馮承鈞校注本。（《紀行詩》）
〔註21〕 《瀛涯勝覽》，馮承鈞校注本。（《自序》）
〔註22〕 《瀛涯勝覽》，馮承鈞校注本。（《馬敬序》）
〔註23〕 《瀛涯勝覽》，馮承鈞校注本。（《後序》）

名淡水港一條，入港到國。南是大山，北是大海，西連蘇門答剌（臘）國界。東有平地，堪種早稻，米粒細小，糧食頗有。民以耕漁爲業，風俗淳樸。國內婚喪等事，皆與爪哇、滿剌加國相同。貨用稀少，棉布名考泥，並米穀牛羊雞鴨甚廣，乳酪多有賣者。其國王國人皆是回回人。山林中出一等飛虎，如貓大，遍身毛灰色。有肉翅，如蝙蝠一般，但前足肉翅生連後足，能飛，不遠。人或有獲得者，不服家食，即死。土產黃速香、金銀香之類。乃小國也（《瀛涯勝覽·啞魯國》）。

據以上所引這倒數第二簡短的條目一篇章，可知馬歡的自序不虛，馬敬的前序屬實，古樸的後序貼切。較之以前元代汪大淵的《島夷志略》，經過篇名國名地名及內容的比對，我們發現《瀛涯勝覽》的滿剌加國、啞魯國、黎代國、錫蘭國、柯枝國、祖法兒國、阿丹國、忽魯謨廝國屬新創新增設的篇章條目。其他有沿襲的條目，在內容上都有極大的創新、發展、豐富，迥然不同於《島夷》。再較之更以前宋代趙汝適的《諸蕃志》，同樣經篇名國名地名及內容的比對，可知《瀛涯勝覽》大多數篇章均爲新設新創；少數有沿襲的篇章較之《諸蕃志》其內容也有極大的發展和不同，如占城國、爪哇國、天方國（《諸蕃志》作麻嘉國）等。所以《瀛涯勝覽》確繫馬歡在三下西洋親身遊歷的實踐中獨立新創，撰著而成。

三、《瀛涯勝覽》的重要價值

在下西洋的史地三書中，《西洋番國志》成書稍早，於「宣德九年（1434年）編次成集」。〔註24〕但該書的作者鞏珍只參加過最後一次下西洋。如他自己所說：「宣宗章皇帝（即朱瞻基，年號宣德）嗣登大寶，普賚天下，乃命……前往海外，開詔頒賞，遍詢諸番。時愚年甫出幼（成丁），備數部伍，拔擢從事於總制之幕。往還三年，經濟大海……」。〔註25〕鞏珍還說該書「所紀（記）各國之事蹟，或（他）目及耳聞，或在處詢訪，漢語番言悉憑通事轉譯而得，記錄無遺」。〔註26〕有學者認爲「鞏珍所說的通事（翻譯）多半指的是馬歡，

〔註24〕 錢曾：《讀書敏求記》，載《西洋番國志·附錄一》，中華書局 2000 年版向達校注本。（《史地輿圖》）

〔註25〕 《西洋番國志》，向達校注，中華書局 1960 年初版，2000 年合訂版。（《自序》）

〔註26〕 《西洋番國志》，向達校注。（《自序》）

大概他也利用過馬歡的記錄」。〔註27〕《西洋番國志》在條目篇章設置、順序、國家地區的譯名等方面與《瀛涯勝覽》一樣，〔註28〕在內容上也與《瀛涯勝覽》基本類同。比如我們前面全文引錄過的「啞魯國條」，其內容、詳略等幾乎完全一致，只是前後順序、分段等稍有不同。另外就是鞏珍身爲漢族，只學只鑽漢語文，故其文字修養要比身爲回族操漢語阿語的馬歡高一些。如同錢曾說他「敘事詳覈，行文贍雅」。〔註29〕另外，《西洋番國志》寫成後長期未刊，未能流行。以致於學界以爲它失傳亡佚了。解放前夕才發現了手抄本，解放後，才由向達先生整理校注出版。總括以上各點，可以判定鞏珍之《西洋番國志》的地位、價值、影響明顯低於、少於、小於馬歡之《瀛涯勝覽》。當然《西洋番國志》仍有參考價值，譬如比勘對校等。特別是它所附的「自序」，及永樂至宣德的三通皇帝敕書等（約 1200 字）不見於他處，可補他書之不足。

《星槎勝覽》的作者費信於「永樂至宣德間，選往西洋，四次隨從正使太監鄭和等至諸海外。歷覽諸番人物風土所產，集成二帙，曰《星槎勝覽》。前集者親監目識之所至者也，後集者采輯傳譯之所實也」。〔註30〕費信的兩通自序落款皆爲正統元年春正月，可知《星槎勝覽》成書於 1436 年，比《瀛涯勝覽》更早一點。在篇章條目設置上，《星槎勝覽》比《瀛涯勝覽》多出了增添了二十七個國家和地區，即賓童龍國、靈山、崑崙山、交欄山、九洲山、龍牙犀角、龍涎嶼、翠藍嶼、剌撒國、眞臘國、東西竺、淡洋、龍牙門、龍牙菩提、吉里地悶、彭坑國、琉球國、三島、麻逸國、假里馬打國、重迦邏、渤泥國、蘇祿國、唄喃國、竹步國、木骨都束國、卜剌哇國；但省減缺失了黎代國、南渤里國兩個國家和地區。這樣，仍淨多二十五條目。〔註31〕

在各篇章條目中，凡《星槎勝覽》與《瀛涯勝覽》相同的篇章，《星槎》較《瀛涯》都甚爲簡略。我們仍以前面全文引錄過的啞魯國（《星槎勝覽》作阿魯國）爲例。《瀛涯勝覽》啞魯國條共 184 字（不含標點符號，下同），而

〔註27〕《西洋番國志》，向達校注。(《校注序言》)
〔註28〕只是把《瀛涯勝覽》的「那孤兒國」、「黎代國」修飾爲「那孤兒小邦」、「黎代小邦」。
〔註29〕《西洋番國志》，向達校注。(《校注序言》)
〔註30〕《星槎勝覽》，馮承鈞校注，中華書局 1937 年版，1954 年重印。(《自序》)
〔註31〕另有幾國其內容地區同但篇名不同：(星) 花面國——(瀛) 那孤兒國，小唄喃國——小葛蘭國，溜洋國——溜山國。

《星槎勝覽》阿魯國條共 102 字。這樣便少了 82 字，少約 2/5 或 44.5%的篇幅。所以，一些重要的內容《星槎勝覽·阿魯國》沒有：如宗教、土產、珍稀動物、港口等。當然，《星槎》在其較小的篇幅中也有超出《瀛涯》較大篇幅中的一些內容，如「男女裸體，圍梢布」；「多持藥鏃弩防身」等。〔註32〕

我們再對比分析一例，即《瀛涯勝覽》之「溜山國」──《星槎勝覽》之「溜洋國」（均指今馬爾代夫群島）。《瀛涯勝覽》溜山國條共 634 字；《星槎勝覽》溜洋國條正文共 163 字，只相當於前者的約 1/4，篇幅簡略得多。《星槎勝覽》各篇章於條目正文之後皆有一首詩，〔註33〕簡扼吟誦前面的內容。溜洋國條詩曰：「溜山分且眾，弱水即相通。／米穀何曾種，巢居亦自同。／盤針能指侶，商船慮狂風。／結葉遮前後，裸形為始終。／雖云瀛海外，難過石門中。／歷覽吟成句，殷勤獻九重／。〔註34〕用詩詞來寫史地書在形式上自然是一種創新。但從史料和史學的角度看，比起正文來，每篇、條的紀行詩所提供的新內容十分有限，史料價值較低，也談不上蘊涵有體現了什麼史觀史識。《星槎勝覽》有不同的版本傳世。紀錄彙編本溜洋國條有 186 字，仍不到《瀛涯勝覽》溜山國條篇幅的 1/3。當然，其內容和前面正本的該條目略有出入。把《星槎勝覽》溜洋國條正本、紀行詩、紀錄彙編本中的不同、差異、出入之處合在一起，也不過兩百字出頭，也只相當於《瀛涯勝覽》溜山國條篇幅的約三分之一。這就說明，在瞭解認識研究同一國家和地區的情況及寶船隊、明朝與該地區的交往時，馬歡《瀛涯勝覽》是大大勝於優於費信《星槎勝覽》的。自然，在費信書同一條目的很小篇幅中，也有超出馬歡書同一條目很大篇幅的少許內容。例如「男子鬓髮，穿短衫，圍梢布，風俗囂強」。〔註35〕所以它們可以互相補充。但在參考徵引同一篇章條目、瞭解認識同一國家地區時，應以《瀛涯勝覽》為主，以《星槎勝覽》為輔，用作補充。

前面說過，《星槎勝覽》比《瀛涯勝覽》多二十幾通篇章條目。其中，東北非的國家地區就有竹步國（索馬里朱巴 Zubba 河下朱巴州地區）、木骨都束國（索馬里摩加迪沙 Mogadisho）、卜剌哇國（索馬里巴拉韋 Baraawe）。而在

〔註32〕《星槎勝覽》，馮承鈞校注。（後集《阿魯國》）
〔註33〕可按馬歡書開頭的紀行詩，也稱其為紀行詩。
〔註34〕《星槎勝覽》，馮承鈞校注。（後集《溜洋國》）
〔註35〕《星槎勝覽》，馮承鈞校注。（後集《溜洋國》）

之前關於域外西洋的史地書，如宋代趙汝適之《諸蕃志》，〔註36〕元代汪大淵之《島夷志略》，〔註37〕均無上述非洲三個國家和地區的篇章條目。所以，《星槎勝覽》在非洲史地方面，在《瀛涯勝覽》、《西洋番國志》未涉及的國家和地區方面貢獻良多。《星槎勝覽》記載的上述非洲三國和一些它獨有的國家和地區雖然在「後集」裏，非費信「親監目識之所至者也」，屬於「采輯傳譯之所實也」，但仍提供了前所未有的資料信息，彌足珍貴。

總之，在兩書都有同樣的國家－篇章時，《瀛涯勝覽》大大優於《星槎勝覽》。

四、《瀛涯勝覽》對後世的影響

馬歡的《瀛涯勝覽》在明代就成了西洋史地方面的名著要籍。明中葉正德庚辰年（1520年），著名學者黃省曾寫成《西洋朝貢典錄》一書。該書也是研究明代前期我國對外關係、海外交通和西洋各國史地的一本重要史籍。黃在書中說：「西洋之跡，著自鄭和。……是時太宗文皇帝命（鄭）和為使，貳以侯顯，妙擇譯人馬歡輩從之行，總率巨鯨百艘……浮歷幾萬里，往復幾三十年，而身所至者，……二十餘國……」。〔註38〕這裡黃只點出了馬歡，說明在下西洋三書的作者中，黃省曾最推崇馬歡。黃省曾又說：「不有記述，恐其事湮墜，後來無聞焉。余乃摭拾譯人之言，若《星槎》、《瀛涯》、《針位》諸編，一約之典要，文之法言，徵之父老，稽自寶訓」。〔註39〕可知《西洋朝貢典錄》是在《瀛涯勝覽》、《星槎勝覽》、《針位編》（今已亡佚）等書的基礎上編著的。其中許多地方是「摭拾譯人（馬歡）之言」。《西洋朝貢典錄》一共三卷二十三篇國家和地區條目。「其時通職貢者尚不盡於此錄。（因）省曾止就內侍鄭和所歷之國，編次成書，（故）餘固未暇及也」。〔註40〕在這二十三個國家和地區的篇目設置中，大多數同於《瀛涯勝覽》、《星槎勝覽》、《西洋番國志》三書（地名或國名有時稍有出入）；少數僅同於《星槎勝覽》，如真臘國、渤泥國、蘇祿國、彭亨（坑）國、琉球國；有一個隻同於《瀛涯勝覽》、《西洋番國志》兩書，即南渤裏國；有一個是前三書沒有新設立的，即三佛齊國。《西

〔註36〕《諸蕃志》，馮承鈞校注，中華書局1956年版。
〔註37〕《島夷志略》，蘇繼廎校釋，中華書局1981年版。
〔註38〕《西洋朝貢典錄》，謝方校注，中華書局1982年版。(《自序》)
〔註39〕《西洋朝貢典錄》，謝方校注。(《自序》)
〔註40〕《四庫全書總目提要》卷78《史部・地理類存目》七。

洋朝貢典錄》的篇章編排大致按由近到遠的習慣排列。下面我們選取第二遠、倒數第二篇的阿丹國條目,剖析一番。該條《西洋朝貢典錄》版共 604 字(不含標點符號,下同);《瀛涯勝覽》版共 822 字;該條《星槎勝覽》正本僅 109 字,紀行詩共 8 句 56 字,紀錄彙編本共 157 字,三者相加共 322 字。但剔除重複的,有意義的記載約僅 180 字。由此可見在記錄同一國家撰寫同一條目時,《瀛涯勝覽》大大詳於《星槎勝覽》;《西洋朝貢典錄》主要借鑒《瀛涯勝覽》,其次是已亡佚的《針位編》,最後才是《星槎勝覽》。

我們再分析論證一下該篇目中的具體內容。讓我們看看其中最有趣最有價值的動物牲畜情況。《星槎》曰:「地產羚羊,自胸中至尾垂九塊,名爲九尾殺羊;千里駱駝,黑白花驢(斑馬),駝蹄雞(鴕鳥),金錢豹」。〔註41〕在動物方面,《瀛涯》曰:在彼「又買得……麒麟(長頸鹿)、獅子、花福鹿(斑馬)、金錢豹、駝雞(鴕鳥)、白鳩之類而還」。〔註42〕其地所產又有「花福鹿,青花白駝雞,大尾無角棉(綿)羊。其福鹿如騾子樣,白身白面,眉心隱隱起細細青條花,起滿身,至四蹄,細條如間道,如畫青花。白駝雞也有青花,如福鹿一般。麒麟前二足高九尺餘,後兩足約高六尺,頭抬頸長一丈六尺。首昂後低,人莫能騎。頭上有兩肉角,在耳邊,牛尾鹿身。蹄有三跲,扁口。食粟豆麵餅。其獅子身形似虎,黑黃無斑,頭大口闊,尾尖毛多,黑長如纓,聲吼如雷。諸獸見之,伏不敢起,乃獸中之王也」。〔註43〕在牲畜方面《瀛涯》曰:其地「象、駝、驢、騾、牛、羊、雞、鴨、犬皆有,止無鵝鵝。棉(綿)羊白毛無角,頭上有黑毛二團,如中國童子頂搭。其頸下如牛袋一般;其毛短如狗,其尾大如盤」。〔註44〕而《典錄》在動物方面則講:「其貿採之物……七曰麒麟,八曰獅子,九曰花福鹿,十曰金錢豹,十一曰駝雞,十二曰白鳩。有獸焉,其狀如螺(騾),白身白面而青紋,其名曰花福鹿。其足前高九尺,後高六尺,蹄三跲,扁口而長頸,奮首高一丈六尺,首昂後低,二肉角,牛尾而鹿身,其名曰麒麟,是食五穀。其狀如虎,元質而無紋,巨首而闊唇,其尾黑長如纓,其吼如雷。百獸見之,伏不敢起者,其名曰獅子」。〔註45〕《典錄》在牲畜方面則說:其地「有象,有千里

〔註41〕《星槎勝覽》,馮承鈞校注,(後集《阿丹國》),這裡把正本、紀行詩、紀錄彙編本中有意義的文字都整合在一起。
〔註42〕《瀛涯勝覽》,馮承鈞校注本。(《阿丹國》,頁 55)
〔註43〕《瀛涯勝覽》,馮承鈞校注本。(《阿丹國》頁 58)
〔註44〕《瀛涯勝覽》,馮承鈞校注本。(《阿丹國》頁 57)
〔註45〕《西洋朝貢典錄》,謝方校注。(卷下《阿丹國》,頁 114)

駱駝，九尾殺羊。其（羊）白毫無角，角處有兩圓（團？）黑毛，項如牛，狗毫而盤尾者，名曰綿羊」。〔註46〕由上可知，在動物方面《星槎》只是點了一下名，《瀛涯》講明中國船隊將這些異獸購回，又對異獸做了許多形態特徵描述；《典錄》幾乎全部取自《瀛涯》，並有所剪裁、調整、縮寫。在牲畜方面，仍是《星槎》最簡，《瀛涯》最詳，《典錄》兼取二者，但主要取自《瀛涯》。所以，《瀛涯勝覽》對《西洋朝貢典錄》的影響更大，《典錄》主要吸收了《瀛涯》，以它爲主要參考；兼而吸收了《星槎》、《針位編》，以它們爲輔助參考。

馬歡的《瀛涯勝覽》對明中後葉隆慶年間嚴從簡的《殊域周咨錄》也有所浸染和輻射。例如《殊域周咨錄》對榜葛剌（孟加拉）國街頭一種要馬戲賣藝行乞之伶優的描述：「……蓋優人也，能作百戲，以鐵索繫虎行市中。入人家，解索坐虎於庭，裸而搏虎。虎怒，交撲僕虎，數回乃已。或手投入虎喉，虎亦不傷。戲已，乃繫之。人家爭以肉啖虎，勞戲者錢」。〔註47〕這一段便完全以《瀛涯勝覽·榜葛剌國》爲藍本改寫並簡化。而《星槎勝覽·前集·榜葛剌國》對此毫無記載。

就是到了明後期，馬歡的《瀛涯勝覽》仍有漣漪和餘暉。像張燮的《東西洋考》主要屬新創，但它對《瀛涯勝覽》也有所繼承和吸收。譬如關於馬六甲的鱷和虎，是書寫道：「龜龍高四尺，四足，身負鱗甲，露長牙，遇人則齧，無不立死。山有黑虎，虎差小，或變人形，白晝入市，覺者擒殺之」。〔註48〕這一段便取自《瀛涯勝覽·滿剌加國》，只不過把鼉龍改稱龜龍，把黑虎黃虎合併爲虎，並加以簡化而成（在其他方面也有所增補）。而《星槎勝覽·前集·滿剌加國》毫無當地之鱷和虎的記載。

從國民黨時期至「文革」前（1927～1965 年），中國史學界中西交通史領域活躍著三位大師，即馮承鈞、張星烺、向覺明（向達）。在鄭和下西洋的研究和資料整理方向，馮承鈞有《瀛涯勝覽校注》、〔註49〕《星槎勝覽校注》，〔註50〕翻譯了《鄭和下西洋考》；〔註51〕向覺明校注了《西洋番國志》，

〔註46〕 《西洋朝貢典錄》，謝方校注。（卷下《阿丹國》，頁 114）
〔註47〕 《殊域周咨錄》，余思黎點校。（卷 11《西域·榜葛剌》）
〔註48〕 《東西洋考》，謝方點校，中華書局 1981 年版本。（卷四《西洋列國考·麻六甲》）
〔註49〕 《瀛涯勝覽》，馮承鈞校注本，中華書局 1935 年版，1955 年重印。
〔註50〕 《星槎勝覽》，馮承鈞校注，中華書局 1937 年版，1954 年重印。

〔註52〕整理了《鄭和航海圖》；〔註53〕張星烺則編注有多卷本大部頭的《中西交通史料彙編》。〔註54〕張書涉及到鄭和下西洋之事的內容不少，只不過比較零散，分別散佈在第二編第四章《明代中國與非洲之交通》，第三編第八章《明代中國與阿拉伯之交通》，第六編第十一章《明代中國與波斯各地之交通》，第八編第七章《明代中國與印度之交通》等篇章中。張星烺的《史料彙編》把有關某個國家的資料都放在一塊兒。如果各古書都有關於此地的記載，張的編法一般是首先摘錄《明史》，第二摘錄《瀛涯勝覽》，然後摘錄《星槎勝覽》，最後再摘錄其他史籍。例如南亞－印度地區的榜葛剌國、古里國、柯枝國等條目。這顯示張星烺在都有同樣篇章的情況下更看重《瀛涯勝覽》，也旁證了在記述同一國家地區的情況時，《瀛涯勝覽》更顯重要。

《瀛涯勝覽》現代有英人米爾斯的英語譯注本《大洋沿岸全觀》，〔註55〕有日人小川博的日語譯注本《中國人的南方見聞錄》。〔註56〕由此可見其在海外的影響也最大。

最後，我把本文的主要論點梳理總結一下：一、馬歡是回族，是穆斯林，是回族歷史文化名人，穆斯林人傑。二、馬歡隨鄭和三下西洋，擔任阿拉伯語翻譯，為下西洋的事業做出了獨特的貢獻。三、馬歡所寫《瀛涯勝覽》是下西洋諸書中最為珍貴重要的。它為我們留下了許多獨有的歷史記載，它對以後的西洋史地書、中西交通史書有重大而深遠的影響。

（原載《西南民族大學學報》2005 年第 6 期）

〔註51〕《鄭和下西洋考》，中華書局 1934 年版，2003 年新版。
〔註52〕《西洋番國志》，向達校注，中華書局 1960 年初版，2000 年合訂版。
〔註53〕《鄭和航海圖》，向達整理，中華書局 1960 年初版，2000 年合訂版。
〔註54〕《中西交通史料彙編》，輔仁大學 1930 年版，中華書局 1977 年版、2003 年版。
〔註55〕J. V. G. Mills trans. and annotate：The Overall Survey of the Ocean's Shores, Cambridge Uni. Press, 1970; Bangkok, White Lotus Press, 1997, rep.
〔註56〕小川博譯注：《中國人の南方見聞錄》，吉川弘文館，1969。

On Ma Huan and His Yingyashenglan Preliminarily

Abstract

Ma Huan sailed to the Western Ocean three times following Zheng He and held the post of a translator in the Arabian, making unique contribution to the cause of sailing to the Western Ocean. Ma Huan believed the Islam and was a Moslem. According to that he could speak the Arabian, he believed the Islam, his first name was Ma, he spoke the Han language usually and wrote in the Chinese mainly, we discriminate from his nationality as Hui nationality. So Ma Huan was a historical and cultural celebrity of the Huis. The book Yingyashenglan（Splendours of the World） written by Ma Huan recorded what the persons sailing to the Western Ocean saw and heard and the general situation of regions they arrived in. The account of the same countries and regions in Yingyashenglan is detailed mostly among the three books of history and geography about the Western Ocean, therefore it is the most important and precious one of them. And further Yingya- shenglan has greatest influence upon the later books of history and geography about the Western Ocean and ones of the communicative history between China and West.

The Key words: Ma Huan, Huis-Moslem, Yingyashenglan（Splendours of the World）, Its Value and affection.

首論羅懋登《西洋記》對鄭和下西洋規模的誇大

提　要

　　明代羅懋登的《西洋記》是一部浪漫主義的歷史神魔小說。它對鄭和下西洋的規模做了較大幅度的誇大：把下洋人員由 2.7 萬多人誇大到至少十餘萬人；把下西洋的一次航行日期由一年到兩年多誇大到七年多；把下西洋的單向最遠行程——本文考爲兩萬三千市里——誇大爲十萬餘里；把下西洋的船隊船隻數量——本文考爲一次最多 208 艘——誇大爲千餘艘；把下西洋的鐵錨——本文考爲最高者九尺——誇大爲高八丈多。此外，羅懋登《西洋記》還對錨鏈繩的粗細、造船木料－圓木的大小及其數量、大寶船的旗幟大小和旗杆高矮、大寶船的桅杆數量做了許多誇大。本文還討論了《西洋記》所描繪的寶船大小、船上建築、四大府邸，它們也可能存在誇大等問題。

　　關鍵詞：《西洋記》；下洋人數、航行日期、行程、船數；各種船具錨，桅；造船木料；寶船大小及其結構

　　中圖分類號：K248.105,I207.41
　　文獻標識碼：A

　　明初鄭和下西洋的規模已是夠大的了，堪稱史無前例，盛況空前，中外皆然。不過，明代羅懋登表現下西洋盛舉的長篇歷史神魔小說《三寶太監西洋記通俗演義》〔註1〕，對鄭和下西洋的規模又做了多方面的大幅度誇大。鑒於海內外史學界和文學界均無對此重要問題予以討論的著述，甚至連專著中的一章、一節、一目，論文中的一個部分也沒有。筆者才好不容易下了決心，挪出漫長的暑假，仔細通讀了上下兩冊一百回近百萬字的《西洋記》。在此基礎上撰成此文。庶幾利於加深對鄭和下西洋這件事和《西洋記》這本書的認識。

一、對下西洋人數的誇大

　　下西洋的人員數量在前後七次中有點差異，但大體在兩萬多人。其中第一次最多，或至少是最多的之一，為 2.7 萬多人。比如《明史》說：「永樂三年（1405 年）命（鄭）和及其儕王景弘等通使西洋，將士卒二萬七千八百餘人」〔註2〕。馬歡說：「計下西洋官校、旗軍、勇士、力士、通事（譯員）、民稍（艄）、買辦、書（算）手，通共計二萬七千六百七十員者」〔註3〕。最後一次，即宣德五年（1430 年）那次下西洋也是 2.7 萬多人。「官校、旗軍、火長（按，管羅盤掌舵向之人）、舵工、班碇手、通事、辦事、書算手、醫士、鐵貓（錨）、木艌、搭材等匠，水手、民稍（艄）人等，共二萬七千五百五十員名〔註4〕。《西洋記》全書只描寫敘述了第一次下西洋的故事。讓我們看看它是怎樣誇大下西洋的人數的。

　　在《碧峰圖西洋各國，朝廷選掛印將軍》這一回中，講述了「下西洋用多少官員？用多少兵卒？」即下西洋人員數量。其中最大部分是「雄兵勇士三萬名有零」；其次是官員，其中總兵官副總兵官各一員（分掛征西大元帥副元帥之印），左右先鋒各一員，五營大都督五員，四哨副都督四員，指揮官一百員，千戶官一百五十員，百戶官五百員，管糧草戶部官一員；再其次是專業技術人員工匠：觀星斗陰陽官十員，通譯番書教諭官十員，通事的舍人十名，打幹的餘丁十名，管醫藥的醫官醫士一百三十二名，三百六十行匠人每行二十名（按，則匠人共計 7200 人）；最後是宗教人士，即神樂觀道士二百

〔註1〕　該書成書於萬曆廿五年，1597 年。以下簡稱《西洋記》。

〔註2〕　《明史》卷304《宦官・鄭和傳》，北京：中華書局標點本。

〔註3〕　《瀛涯勝覽・寶船與人員》，萬明校注，北京：海洋出版社2005 年版。

〔註4〕　〔明〕祝允明：《前聞記・下西洋》，《紀錄彙編》卷二百二，景明刻本。

五十名,朝天宮道士二百五十名〔註5〕。以上官員共 764 人(2＋2＋5＋4＋100＋150＋500＋1＝764);專業人員 7372 人(10＋10＋10＋10＋132＋7200＝7372);宗教人士 500 人(250＋250＝500);雄兵勇士三萬名有零。零多少,沒交待,只好算三萬人。以上共計 38636 人(30000＋7372＋500＋764＝38,636)。

不要以為 38636 人便是這一回所說的下西洋的總人數。仔細閱讀《西洋記》後我們發現,後來又增加了 750 人:「聖上道:『征取西洋,還要用指揮官一百員,千戶官一百五十員,百戶官五百員,著兵部尚書逐一推上來看』」〔註6〕。這樣,下西洋的總人數便為 39,386 人;再加上法力無邊的國師高僧金碧峰長老,神通廣大的道士引化真人張天師(鄭和任元帥,王(可能是景弘)任副元帥),便共 39,388 人。這個人數比下西洋的實際(按最多的算)27800 人多了 1.1 萬多人(39388－27800＝11900),誇大幅度為 40.25%(11900÷27800×100%＝40.25%)。

不過《西洋記》對下西洋的人數的說法是歧異不一的,上述三萬九千多人員只是書中的一個說法。書中還有十萬人十多萬人的說法。如「聖旨道:『征進西洋,還用精兵十萬,名馬千匹,該部知道』。……不旬日之間,兵部招了十萬雄兵……」〔註7〕。又如,「萬歲爺又傳出一道旨意,著兵部官點齊十萬雄兵」〔註8〕;王爺(王副元帥)道:「……我和你(指鄭元帥)今日……率戰將百員,雄兵十萬,倒不能立功異域,勒名鼎鍾……」〔註9〕。復如金天雷高叫道:「……元帥今日統領十萬雄兵,出在十萬餘里之外」〔註10〕。

書中又有二十餘萬人的說法:在《軟水洋換將硬水,吸鐵嶺借下天兵》一回中,「長老道:『我今領了南朝朱皇帝駕下……軍馬二十餘萬,前往西洋撫夷取寶』」〔註11〕。書中又有幾十萬人的說法:在《白鱔精鬧紅江口,白龍精吵白龍江》一回中,如三寶「老爺門下有個馬太監,……他說道:『咱

〔註5〕 羅懋登:《三寶太監西洋記通俗演義》,上海:上海古籍出版社 1985 年版,陸樹崙、竺小華校點本,卷三第十五回。
〔註6〕 《西洋記》卷三第十五回。
〔註7〕 《西洋記》卷四第十六回。
〔註8〕 《西洋記》卷四第十八回。
〔註9〕 《西洋記》卷十三第六二回。
〔註10〕 《西洋記》卷十三第六三回。
〔註11〕 《西洋記》卷五第廿一回。

爺的雄兵幾十萬，哪裏少了這五十多害病的因軍。只請他（們）下水便罷』」〔註12〕！又如馬公（公）（即馬太監）道：「國師此行不至緊，我們大小將官和這幾十萬人馬的性命，都在他身上」〔註13〕。

書中甚至有百萬人下西洋的說法，且這種說法反覆出現，多達幾十處。如在《天妃宮夜助天禮，張西塘先排陣勢》一回中，在敘述下西洋所征討的第一國金蓮寶象國時，該國巡邏的小番田田向番總兵報告「小的職掌巡關，只見沿海一帶有⋯⋯名將千號，大軍百萬。說是甚麼南膳部洲大明國朱皇帝駕下，差來甚麼撫夷取寶⋯⋯」〔註14〕。又如該國番王道：「今有⋯⋯大明國⋯⋯欽差兩個元帥，統領⋯⋯名將千員，雄兵百萬，侵俺社稷。⋯⋯」〔註15〕。據統計下洋官兵有名將千員、雄兵百萬的說法，在《西洋記》卷三五第廿二回就出現過一共三次（第287頁，290頁，292頁），以後在上冊第廿三回至五十回中又出現過十三次〔註16〕。在下冊第五十一回至一百回中，又出現了二十四次（同上）。且最後一次還非一般的提說、號稱，而是講述返航途中，一次「三寶老爺回到『帥』字船上，⋯⋯船行無事，傳下將令，把這百萬的軍籍，逐一挨查」〔註17〕。由此可見這百萬官兵水手是實實在在有名冊軍籍齊裝滿員的。

更有甚者，在《王明致書古俚國，古俚王賓服元帥》一回中，竟還說下洋人員有幾百萬。番王道：「傳說道甚麼大明國差下幾個元帥、一個道士、一個和尚，⋯⋯有幾千員將，有幾百萬兵，來下西洋」〔註18〕。而漢語中三或三以上才能說幾，故幾百萬至少得解讀為三百多萬。

綜上所述，《西洋記》所說的下洋官兵水手人員等，有三萬九千多人，十萬十餘萬人，二十餘萬人，幾十萬人，百萬人（百十餘萬人），幾百萬人等歧異極大的好幾種說法。其中最少的說法，也比歷史實際誇大了約40%，反覆所說的百萬人則誇大了幾十倍，最多的幾百萬則誇大了一百多倍。

〔註12〕《西洋記》卷四第十九回。
〔註13〕《西洋記》卷六第廿八回。
〔註14〕《西洋記》卷五第廿二回。
〔註15〕《西洋記》卷五第廿二回。
〔註16〕考慮到節省篇幅和文章的可讀性，暫不把它們所在的卷數、回數、頁碼列出。其中第三十四回第444頁說的是「戰將一千餘員，大兵百十餘萬」。
〔註17〕《西洋記》卷十九第九三回。
〔註18〕《西洋記》卷十三第六一回。

二、對下西洋航行日期的誇大

鄭和下西洋前後七次，每一次一般是來回兩年。如第一次「永樂三年（1405年）六月命（鄭）和及其儕王景弘等通使西洋。……五年（1407 年）九月，和等還。諸國使者都隨和朝見」〔註19〕。這次是兩年多點。第二次「六年（1408年）九月再往錫蘭山，……九年（1411 年）六月獻俘於朝」〔註20〕；這次是兩年多。第三次「十年（1412 年）十一月復命和等往使，……以十三年（1415年）七月還朝」〔註21〕；這次也是兩年多。第四次「十四年（1416 年）冬，滿剌加、古里等十九國咸遣使朝貢，辭還。復命和等偕往，賜其君長。十七年（1419 年）七月還」〔註22〕；這次應是十五年（1417 年）初才出發，故來回行期仍為兩年多。第五次「十九年（1421 年）春復往，明年八月還」〔註23〕；這次僅離開一年多。第六次「二十二年（1424 年）正月，舊港酋長施濟孫請襲宣慰使職，和齎敕印往賜之。比還，而成祖已晏駕」〔註24〕。明成祖逝於永樂二十二年（1424 年）農曆七月，故這次往返行期還不到一年。第七次「宣德五年（1430 年）閏十二月六日龍灣開舡（船），……八年（1433 年）二月十八日開船回洋，七月六日到京」〔註25〕。這次也還是兩年多。所以，下西洋的平均行期為兩年（最長為兩年多，最短不到一年）。

《西洋記》對下西洋的航行日期也做了較大的誇大。我們先看看它所說的鄭和下西洋艦船隊的前往行期。

在征討木骨都束國的戰爭期間，有一次神道天師曰：「我們寶船從下西洋，已經五六年矣。經過有二十多國，……」〔註26〕。在征阿丹國之役中，一次副帥王爺道：「我們離南京已經五載，即今轉去，也得週年……」〔註27〕。按《西洋記》的說法天堂極樂國便是西洋、西海的盡頭，西邊不再有甚麼去路。但鄭和艦船隊離開該國後仍然向西，又走了三個月（「不覺得三月以來」）〔註28〕。之後，有一次副元帥王爺對元帥鄭公公說道：「……我和你離京已

〔註19〕《明史》卷 304《宦官‧鄭和傳》。
〔註20〕《明史‧鄭和傳》。
〔註21〕《明史‧鄭和傳》。
〔註22〕《明史‧鄭和傳》。
〔註23〕《明史‧鄭和傳》。
〔註24〕《明史‧鄭和傳》。
〔註25〕〔明〕祝允明：《前聞記‧下西洋》，《紀錄彙編》卷二百二。
〔註26〕《西洋記》卷十五第七五回，第 970 頁。
〔註27〕《西洋記》卷十七第八四回，第 1089 頁。
〔註28〕《西洋記》卷十八第八六回，第 1113 頁。

經五六多年，不知征剿幾時才是住手，……」〔註29〕。在此基礎上艦船隊向西「又去了兩個多月」（第 1115 頁）。接著下西洋艦船隊向西「又走了一個多月」（第 1116 頁），便才又遇到陸地，上面有人煙房屋城郭等。於是，下洋艦隊官兵來到了《西洋記》所敘述的下西洋征途上的最後一國——鬼城陰曹地府酆都國。按《西洋記》借地獄判官崔玨之口的說法，「天堂國是西海（洋）盡頭處，……酆都鬼國是西天盡頭處」〔註30〕。「已到了天盡頭處，海盡路處」〔註31〕。這樣，肩負著撫夷取寶使命的下洋艦隊前往行期加起來約為五年多六年。

從鬼國酆都返航，到遇怪異大風，掉了一個軍士劉谷賢到海裡，「不覺的（得）寶船回來（航），已經一個多月」〔註32〕。接著紅羅山山神抓住了吹放大風的風婆娘獻上。法僧國師道：「你拿她來做甚麼？」山神道：「佛爺寶船回棹，已有明月道童、野花行者、芳草行者順風送行。爭（怎）奈這個風婆娘不知進退，放了這一日大風……」〔註33〕。風婆娘認錯降服後，山神道：「還要和她講過，寶船有多少時候在海裡行著，她就多（少）時候不要發風」。國師道：「大約有週年。」風婆娘道：「以後就死認著這一週年，再不敢發風」〔註34〕。同時被銅柱大王所擒獻上的還有協助風婆娘放大風的信風兒。國師審後道：「他今後不再送（風）信就是」。信風童兒道：「我今後再不送風信來罷」。國師道：「只是週年之內不送，便自足矣」！信風童兒道：「就是（一）週年」〔註35〕。處理完風婆娘和信風童兒後，紅羅山神和銅柱大王要陪伴國師送寶船隊。國師道：「我們海上要走過一週年」。兩個齊說道：「豈說這一週年，呼吸喘息之頃耳」！〔註36〕。在神力祐助下寶船隊順風順水返航，又行了五個月零八日後，回到了撒發國〔註37〕。返航行駛了八個多月後，寶船隊回到了滿剌加國。「國師道：『既有八個半月，該到滿剌伽國』。……紅羅山神和銅柱大王……兩個齊說道：『適來聽見佛爺爺問滿剌伽

〔註29〕　《西洋記》卷十八第八六回，第 1114 頁。
〔註30〕　《西洋記》卷十八第八七回，第 1123 頁。
〔註31〕　《西洋記》卷十九第九二回，第 1189 頁。
〔註32〕　《西洋記》卷十九第九三回，第 1202 頁。
〔註33〕　《西洋記》卷十九第九三回。
〔註34〕　《西洋記》卷十九第九三回。
〔註35〕　《西洋記》卷十九第九四回。
〔註36〕　《西洋記》卷十九第九四回。
〔註37〕　《西洋記》卷十九第九四回。

國。此處到那裡，只消三晝夜工夫』」〔註38〕。回到滿剌伽接上留守人員和貨物，搭載上要到中國朝貢的番王一行，又啓航上路。一天三寶老爺說道：「來了一年將近」（意即回來行駛了將近一年）〔註39〕。返航走到接近吸鐵嶺時，「陰陽官回覆（國師）道：『已經共行了十一個多月』。國師道：是好（像）到吸鐵嶺也。道猶未了，銅柱大王稟說道：『前面已是吸鐵嶺，止著的一日路程了』」〔註40〕。按羅懋登的描寫，吸鐵嶺是鄭和艦船隊出國離境離開中國沿海之後，到進入西洋征討第一個西洋國家金蓮寶象國之前，在中間地帶海域所經過的最後一個地方。它綿亙五百里〔註41〕，能吸走船上的一切鐵器包括已釘入船身的鐵釘。又經過一段時間的航行，船隊在各路神仙各種神力的祐助下，如期回到了啓航地南京。

三寶老爺在聽了藍旗官的報告，「大小寶船已經到了南京」後，一躍而起說道：「今日卻也到了南京，這五七年間好擔心也」〔註42〕。正副元帥即回朝進宮復命。萬歲爺見之，龍顏大喜，問道：「去了多少年數」？（鄭）元帥奏道：「永樂七年出門，今是永樂十四年，去了七年有餘」〔註43〕。

綜上所述，《西洋記》描寫的一次下西洋的總行期是七年多點，其中，去期是六年（含在鄨都國盤桓的時間），回期是一年多點。這樣，《西洋記》就把歷次下西洋的實際行期（最短不到一年，最長兩年多）誇大了幾倍。

三、對下西洋行程的誇大

鄭和下西洋的船隊向西航行了多遠，離開中國（南京）有多遠，最遠到達了哪裏——這是一個在史學界有點分歧的問題。不過，史學界的主流意見一般認為鄭和船隊分綜最遠到了麻林——今赤道以南、非洲東北部、肯尼亞的馬林迪（Malindi）〔註44〕。地理界地圖界的主流一般也這樣認為，只不過西行的最遠處再往南靠一點，到了慢八撒——即今肯尼亞的蒙巴薩

〔註38〕《西洋記》卷十九第九五回。
〔註39〕《西洋記》卷十九第九五回。
〔註40〕《西洋記》卷十九第九五回。
〔註41〕見《西洋記》卷一第二回，卷三第十四回，卷五第廿一回。
〔註42〕《西洋記》卷二十第九九回。
〔註43〕《西洋記》卷二十第九九回。
〔註44〕見張傳璽主編，張仁忠、王朝中、王援朝編：《中國古代史綱》（下），隋唐明清（修訂本），北京：北京大學出版社 2004 年，第 326～327 頁，文字和地圖。

（Mombasa）〔註45〕。西方漢學界的主流意見一般也認那兩地為最遠點，如英國著名漢學家米爾斯翻譯編著注釋的馬歡《瀛涯勝覽》英語注釋本，所繪製的地圖標示的鄭和下西洋航線的最遠處便為這兩個地點。其中馬林迪以北的航線都有表示支航線的點狀線……相連，但馬林迪和蒙巴薩之間無點狀線相連〔註46〕。這就是說，西方漢學家的主流代表認為，鄭和船隊及分艍西航的最遠點要麼是馬林迪，要麼是蒙巴薩，要麼在此兩地之間。

我們就以最遠的蒙巴薩為西航的終點，看看它離中國、離南京有多遠。先說明一下，兩個海港之間的航線路程自然指最短的近乎直線的距離。倘若某船出於搜索、捕撈、旅遊、採樣等原因，走之字形路線從甲港到達乙港。它實際走過的路程必然大大多於近乎直線的距離。但人們不把它視為兩港之間的航線距離，而只視為它的作業航程。據各種世界交通地圖，從肯尼亞的南方鄰國坦桑尼亞的首都海港城市達累斯薩拉姆到廣州的航海路線全程5530海里（合10242公里）〔註47〕，從廣州（港）到上海（港）的航（海路）線全長912海里（合1689公里）〔註48〕。南京不靠海，且基本上與上海在同一緯度區域（偏北一點）。寧滬間很近。本可以不把它們之間的距離計入，但為了滴水不漏預防被詰難，便把它也計入。寧滬間的內河航線距離約為350公里〔註49〕。肯尼亞的蒙巴薩與坦桑尼亞的達累斯薩拉姆之間的航線距離：若走沿海航線，穿越奔巴海峽、桑吉巴海峽，則航線長約400公里；若走外海，繞過桑吉巴島、奔巴島，則長約450公里〔註50〕。

這樣一來，下西洋的最遠處，或這最遠處離中國離南京有多遠，就可以算出來了。即達穗間的距離減去蒙達間的距離加上穗滬間的距離再加上滬寧間的距離。其式子為：10242公里－450公里＋1689公里＋350公里＝11831

〔註45〕 見南充師範學院歷史系編繪：《中國古代歷史地圖集》，成都：四川人民出版社1981年版，第三十三圖《鄭和下西洋圖》。

〔註46〕 cf. Ma Huan：Ying-Yai Sheng-Lan, 'The Overall Survey of the Ocean's Shores', [1433] Translated and Edited by J.V.G.Mills, Cambridge:Cambridge University Press for the Hakluyt Society,1971, p.16 地圖。

〔註47〕 參《世界各國地圖冊》，星球地圖出版社2005年版，「世界交通」圖（一）：《最新世界地圖集》，北京：中國地圖出版社1990年版，「世界交通」圖。

〔註48〕 見《中國地圖冊》，北京：地圖出版社1983年版，第22圖「廣東省」圖。

〔註49〕 見《中國地圖冊》第12圖「滬寧杭地區」圖。內河航線的航程不說海里只說公里。

〔註50〕 cf. The Times Atlas of the World, Comprehensive Edition, London, Times Books Limited,1982, Plate 92, Africa, East。

公里（合 23662 市里）。這就是說，下西洋的船隻最遠走到離中國約兩萬（市）里的地方，離中國南京兩萬三千多（市）里的地方；或者說下西洋船隻到達的最遠（陸地）地點距離中國有約兩萬里離南京有兩萬三千多里。

　　但這個距離歷來都被大大誇大了。記錄下西洋的原始文獻第一手資料如《南山寺天妃靈應記碑》是這樣說的。「……所以宣德化而柔遠人也。自永樂三年（1405 年）奉使西洋，迄今七次。所歷番國，……大小凡三十餘國。涉滄溟十萬餘里」〔註51〕。《瀛涯勝覽》也是這樣講的。如「寶船到彼（按，指古里國），起建碑亭，立石云：『（此）去中國十萬餘里。民物咸若，熙皞聞風，刻石於茲，永示萬世」〔註52〕。即它（他）們認為下西洋船隻所到的地方最遠的離中國（離南京）有十萬餘里。或者說，它（他）們認為下西洋船隊的單向行程或航程最遠達到了十萬餘里。而且明里還比今里大一點，每里合 572.4 米〔註53〕，而今市里合 500 米。故明代十萬里相當於今天的十一萬四千多（市）里（572.4×100000÷500＝114,480）。所以，下西洋的親身參與者和原始文獻就已把下西洋的單向行程或航程誇張到四五倍或誇大了三四倍。

　　而羅懋登《西洋記》對下西洋單向行程－航程的描述首先是繼承了這個被誇大了許多的說法。例如，在廷議下洋撫夷取寶，皇上請法僧國師、神道天師出山下洋公幹時，聖上問道：「此去西洋有多少路程」？國師長老答道：「十萬八千（里）有零」〔註54〕。下洋官兵征討金眼國之役時期，有一次戰鬥明軍被該國三太子、番將哈里虎擊敗。鄭和元帥要斬幾個敗軍之將，王副元帥求情道：「……只說我和你，這如今去國十萬餘里之外，殺之易，得之難。使功不如使過罷」〔註55〕。金眼國敗降後，番王被迫獻上降書降表貢禮，負荊請罪，求得了赦免和原諒。拜辭時，鄭和元帥警告道：「你今後再敢如此，……莫說你在十萬里之外，就是在百萬里之外，千萬里之外，取你頭如探囊取物。……」〔註56〕。到達祖法兒國後，有一次在參觀禮拜寺時，馬公公說道：

〔註51〕 福建長樂天妃宮石碑《天妃之神靈應記》，載翦伯贊、鄭天挺總主編，傅衣凌分冊主編：《中國通史參考資料》，古代部分第七冊，北京：中華書局 1988 年版，1991 年印刷。

〔註52〕 〔明〕馬歡：《瀛涯勝覽·古里國》，馮承鈞校注本，北京：中華書局 1955 年版。

〔註53〕 見編委會編：《中國歷史大辭典》，附錄（五）《中國歷代畝積、里長表》，上海：上海辭書出版社 2000 年版。

〔註54〕 《西洋記》卷三第十四回。

〔註55〕 《西洋記》卷十三第六五回。

〔註56〕 《西洋記》卷十四第六八回。

「我們來路十萬里之外，離家數年之久。到此名山寶剎，能無一言以紀績乎」〔註57〕？在攻打銀眼國期間有一次戰鬥失利，王副元帥要斬敗軍之將要狼牙棒的張柏等人，三寶老爺發話寬宥：「依法都該重治。只是念在十萬里之外，又是用人之際，……姑容他們將功贖罪罷」〔註58〕！由上可見，書中第一種說法同於原始文獻，講下西洋的單向行程最遠距離是十萬餘里。

而《西洋記》的描述又是歧異矛盾的。羅懋登在此基礎上又做進一步甚至進幾步的誇大。例一，下洋艦隊兵臨木骨都束國時，番王召集群臣殿前廷議怎麼應對，有的主和主降，有的主戰。番總兵官雲幕陣帶頭主戰，他叫道：「我國於（與）南朝（指明朝）相隔有幾十萬里之遠，今日無故加我以兵，……豈不束手待斃乎？……」〔註59〕。例二，阿丹國兵敗降服講和後，雙方首腦會面時番王說道：「二位帥來此有幾十萬里之外，豈有這兩三個月日的路程就到不得的（按，指到最西邊的天堂極樂之國）」〔註60〕。可知，羅懋登又把單向行程從十萬餘里誇大到幾十萬里。而在漢語裏，三和上了三才能說幾，故他起碼把單向行程誇大到三十萬里。這樣一來，他和其書就把下西洋最大的單向行程約 2.3 萬（市）里誇張到十三倍或誇大了十二倍（30 萬÷2.3 萬＝13）。再考慮到明里稍大點，那起碼也誇張到十四倍多或誇大了十三倍多。而且，這演義小說極度誇張的說法還影響到嚴肅的史書。茅元儀《武備志》（成書於天啓元年，1621 年）輯錄《鄭和航海圖》時，他就作序說：「茅子曰：……明起於東，故文皇帝（指明成祖）航海之使，不知其幾十萬里……」〔註61〕。

四、對下西洋艦船隊船隻數量的誇大

需先說明一下。在航海實踐中，一條船航行時，若獨立行駛，不被搭載在大船上，也不被大船拖曳著前進，便算獨立的一艘（條、隻）船。這是計算艦船隊由多少條船組成的基本原則。那麼下西洋艦船隊的船隻數量有多少艘呢。每次下洋可能有點差異，但大體上是很接近的，這從我們前面考證的下洋官兵水手每次大概都有 2.7 萬多人得到傍證。但每次具體是多少艘船，原

〔註57〕 《西洋記》卷十六第七八回。
〔註58〕 《西洋記》卷十七第八一回。
〔註59〕 《西洋記》卷十五第七二回。
〔註60〕 《西洋記》卷十八第八六回。
〔註61〕 筆者自製《鄭和航海圖》（《自寶船廠開船從龍江關出水直抵外國諸番圖》）長條形連接性卷軸本，2005 年。

始資料一手文獻的記載既是不統一的也是不完整的。比如，《南山寺天妃靈應記碑》講：「乘巨舶百餘艘，齎幣往賚之。所以宣德化而柔遠人也〔註62〕。《瀛涯勝覽·寶船與人員》載「寶船六十三隻」。《西洋番國志·自序》曰：「乘駕寶船百艘，前往海外，開詔頒賞，遍諭諸番」〔註63〕。《明史·鄭和傳》說：「造大舶，……六十二（艘）（只比馬歡所記少一艘）。《殊域周咨錄》則稱：「（永樂）七年，命中官鄭和等賜其國（指占城），和統官兵二萬七千餘人，駕海舶四十八號……」〔註64〕。但實際上，鄭和艦船隊是由各種大中小船隻組成的。它達到了兩百來艘的龐大規模。首下西洋是用船最多的遠航之一。史載「太宗文皇帝命太監鄭和等統領官兵二萬七千有餘，海船二百（零）八艘，賞賜東南諸番，以通西洋……〔註65〕。又載：「明永樂三年，太監鄭和下西洋，海船二百（零）八艘集崇明」〔註66〕。所以，下西洋的艦船隊一般有兩百來艘船。如此一來，平均每船載乘一百多人（約111人），也合常理。

而羅懋登《西洋記》對鄭和下西洋艦船隊的船隻數量又做了許多誇大，而且仍是歧異矛盾不統一的。

第一種提法是寶船（或戰船）千號。如艦船隊到達西洋第一國金蓮寶象國海域後，巡關小番田田向番總兵報告：「小的職掌巡關，只見沿海一帶有寶船千號……」〔註67〕。偶爾也說戰船千號，如該國番王有一次說道，今有大明國「……兩個元帥，統領戰船千號……侵俺社稷……」〔註68〕。羅懋登在那些地方所說的寶船、戰船，泛指下西洋撫夷取寶（傳國玉璽）、征討降伏西洋各番國的海船（戰艦），是一個意思。據排查統計，在上冊五十回中，提到寶船（或戰船）千號的地方有十六次，在下冊五十回中，提到寶船千號有二十次，合計三十六次〔註69〕。

〔註62〕 《天妃之神靈應記》，載《中國通史參考資料》古代部分第七冊。
〔註63〕 〔明〕鞏珍：《西洋番國志·自序》，向達校注，北京：中華書局1961年版1982年印刷。
〔註64〕 〔明〕嚴從簡：《殊域周咨錄》卷七《占城》，余思黎點校，北京「中華書局，1993年版。
〔註65〕 《嘉靖太倉州志》卷十《雜誌》篇，天一閣明代方志選續編第20冊，上海：上海書店影印本。
〔註66〕 〔明〕張蔚千編，清康熙雍正年重修：《崇明縣志》卷十八《雜誌》篇，全套30冊，刻本線裝，出版社、地、時不詳，川大藏。
〔註67〕 《西洋記》卷五第廿二回。
〔註68〕 《西洋記》卷五第廿二回。
〔註69〕 為省篇幅，也為了可讀性，暫不把這36次所在卷數、章回、頁碼列出，下同。

　　第二種提法是寶船千餘號和千百號。千百號可大致看成千餘號。如「聖駕已到三叉河，……只見千百號寶船排列如星」〔註70〕。又如，夜不收道：「謝文彬誑言我們寶船一千餘號，……沿途上不仁不義」〔註71〕。再如，「好好的一陣風，把千百號寶船，齊齊的打攏在山下來了」〔註72〕。書中千餘號（千百號）的提法共三次。

　　第三種提法是寶船一千五百餘號。有一次國師長老道：「我和你（指鄭和元帥）（率）寶船下洋共有一千五百餘號……」〔註73〕。又有一次，國師長老對東海龍王道：「我今領了南朝朱皇帝駕下寶船一千五百餘號，……前往西洋撫夷取寶」〔註74〕。一千五百餘號的提法共兩次。

　　第四種提法是寶船幾千號和百千萬號。百千萬號可大致看成幾千號（因它是成百成千成萬艘的意思）。如書中的《鐵錨歌》曰：「噫嚱乎，寶船兮百千萬艘，征西兮功成唾手」〔註75〕。金蓮寶象國番總兵官占的里有一次稟告番王道：「小臣欽差巡邏哈密關，只見沿海一帶，平白地到了戰船幾千號，……」〔註76〕。又如古俚國番王有一次講道：大明國「有幾千隻船，……來下西洋」〔註77〕。幾千艘的提法共有三次。

　　第五種說法。在醞釀下西洋撫夷取寶之事期間，法僧國師曾向皇帝呈上了一個介紹西洋十八國和鬼國簡況的類似地圖的經折兒，又呈上一個需用多少官員、多少兵卒的經折兒，還呈上一個解答皇上「既是水路，雖則是個船隻，還用多少？還是怎麼樣的制度？……」〔註78〕問題的經折兒。這實際是幅航海圖。「只見這個經折兒又是大青大綠的故事。青的畫得（的）是山，綠的畫的是海，海裡畫的是船，船又分得有個班數，每班又分得有個號數」〔註79〕。據這個經折兒所畫所寫，計有寶船三十六號〔註80〕，戰船一百八十

〔註70〕 《西洋記》卷四第十八回。
〔註71〕 《西洋記》卷七第三四回。
〔註72〕 《西洋記》卷十四第六八回。
〔註73〕 《西洋記》卷四第二十回。
〔註74〕 《西洋記》卷五第廿一回。
〔註75〕 《西洋記》卷四第十八回。
〔註76〕 《西洋記》卷五第廿二回。
〔註77〕 《西洋記》卷十三第六一回。
〔註78〕 《西洋記》卷三第十五回。
〔註79〕 《西洋記》卷三第十五回。
〔註80〕 這裡所說的寶船，不同於前述寶船千號的寶船，而是專指特大型海船。

號〔註81〕，坐船三百號，馬船七百號，糧船二百四十號，共計五種類型一千四百五十六號船〔註82〕。據這個解答了「過洋用的多少船隻，怎麼樣兒制度」的問題，說清畫清了用於下西洋的各型船隻及其數量和下洋船隊船隻總數的經折兒，下西洋艦船隊共有 1456 艘船。這樣，便比實際船數多了六倍或相當於實際的船數的七倍（1456÷208＝7）。

綜上所述，《西洋記》關於下洋船隻的總數有一千艘、千餘艘、一千四百餘艘、一千五百餘艘、幾千艘五種說法。上千艘的說法比實際下洋艦船隊的船隻總數二百零八艘誇大了近四倍，千餘艘的說法比實際上誇大了四倍，一千四百五十六艘的說法誇大了六倍，一千五百餘艘的說法則比實際誇大了六七倍。幾千是個虛數，但漢語中至少三千和三千以上才能說幾千。就按最少的三千算，它也比實際誇大了十三、十四倍（3000÷208＝14.42）。

五、對船錨、錨鏈、造船木料、船旗和桅杆數的誇大

下西洋的大寶船所用的船錨有多大、多重，史書沒有明確細緻的記載，只能依據有關史料進行相應的計量推算。據參加過下西洋的鞏珍描述，鄭和船隊所用的鐵錨「大者高八尺」，重約幾千市斤，「其所乘之舟，體勢巍然，巨無與敵，蓬帆錨舵，非二三百人莫能舉動「〔註83〕。嚴從簡則記過甚至見過下西洋遺留下來的大鐵錨。他講：

> 按《七修稿》載，淮安清江浦廠中草園地上，有銇（鐵）錨數枚，大者高八九尺，小亦三四尺者，不知何年物。相傳永樂間三保大監下海所造。雨淋日炙，無點發之�（鏽），視之真如銀鑄，光澤猶日用於世者。愚意此必良鐵為之，故其色精瑩如此。舉一物之堅巨，而他物可推矣……〔註84〕。

宋應星還曾記述描畫過明代製（大）鐵錨的生產情況：「……錘法先成四爪，以次逐節接身。若千斤內外者，則架木為棚，多人立其上，共持鐵鏈，再接錨身。……蓋爐錘之中，此物其最巨者」〔註85〕。宋氏書中所附的《錘

〔註81〕這裡所說的戰船的不同於前述「戰船千號」的戰船，而是專指主要用於作戰的大中型戰艦。

〔註82〕《西洋記》卷三第十五回。

〔註83〕〔明〕鞏珍：《西洋番國志·自序》。

〔註84〕〔明〕嚴從簡：《殊域周咨錄》卷七《南蠻·占城》。

〔註85〕〔明〕宋應星：《天工開物》卷中《錘鍛》，《傳世藏書·子庫·科技卷》，海

錨圖》，表現的是十五個人在兩層樓的工棚內打造特大船錨的情形。其中七人站在二樓上，共手持七根鐵鏈拉動翻轉大鐵錨；八個人站在地面，其中三人揮大錘鍛打，四人用撬棍撬動，一人取筐中乾細壁土頻撒〔註 86〕。據此圖，該特大錨約一人多高，或兩米多高，或七八尺高。這與前面所引文獻記載基本吻合。

這些下洋大寶船用的八九尺高的大鐵錨本來已經夠大了，它們已撐到了明代和封建時代手工業生產力的極限了。但羅懋登《西洋記》對此又做了誇大。按書中的說法，我們現在列表如下：

《西洋記》述下洋船隊所用鐵錨尺寸表

型　　號	廳　　長	齒　　長	錨　環　高
一號	七丈三尺	三丈二尺	八尺五寸
二號	五丈三尺	二丈二尺	五尺五寸
三號	四丈四尺	一丈二尺	三尺五寸
雜號	俱從以上尺寸乘除加減便是		

據《西洋記》卷四第十七回第 219 頁資料製表

據此表可知，《西洋記》中的最大的錨，全高為八丈一尺五寸（七丈三尺加八尺五寸），比鞏珍所說的「大者高八尺」誇大了九倍多，比嚴從簡所說的「高八九尺」也誇大了七八倍。

在此說一下錨的形制簡況。一般為 ⚓。上面圓環（錨卸扣）為錨環，錨鏈繩便穿過此環。中間柱子為錨柱（錨幹、杆），下面平底為錨冠，側面支臂為錨臂（一般四根），錨臂尖端為錨爪。羅懋登所說的廳長七丈三尺，即指錨柱（幹、杆）長七丈三尺；齒長三丈二尺指錨臂長（三丈二尺）；錨環高八尺五寸指錨環（錨卸扣）的外徑長（八尺五寸）。順便說說，《西洋記》中還透露出所用大鐵錨的具體形制特點：「毛毛糙糙就過了一個月，只鑄錨的還鑄得有四個爪，打錨的只打得一個環」〔註 87〕。由此可知下西洋的寶船用的是很常見的四爪錨，⚓ 與《天工開物》描繪的一樣。

口：海南國際新聞中心 1997 年版。

〔註 86〕見《天工開物》卷中《錘鍛》附《錘錨圖》。

〔註 87〕《西洋記》卷四第十七回。

羅懋登書中沒明說那些大鐵錨要製作多少個，但書中交待了寶船隊的船型和船數，大寶船三十六號，大型戰船一百八十號，中型坐船三百號，等等〔註88〕。按內在邏輯聯繫，那一號特大船錨便應該是配備特大寶船的，那二號很大船錨便應是配備大型戰船的，那三號較大船錨便應是配備中型坐船的……而一艘船至少配兩具錨，一般是船艏兩側各一具（也有配四具的，即船尾兩側也各一具）。書中也曾提到，造大錨的胡釘角曾說：「這個鐵錨夠用了，每船上盡你放上幾根……」〔註89〕。這顯示每船配錨為兩具至四具。設每艘至少配兩具，那麼那特大船錨也得造 72 個，很大船錨得造 360 個，較大船錨得造 600 個……

這麼多的錨，特別是樓房那麼高大的錨（二十幾米高，1 丈＝3.33 米），明代乃至封建時代的手工業水準和能力根本造不出來。於是羅懋登創作出一個神人胡釘角，他一個人把這麼大這麼多的錨兩月之內就造出來了。神道天師說破了他的身份「他不是個凡人，而是上界左金童胡定教真人」〔註90〕。書中還歌曰：「下有真人胡釘鈕，……且與天地共長久，為送寶船下西洋，鐵錨廠裏先下手」〔註91〕。以上所論充分證明當時根本沒有那麼大的錨，那麼大的錨只能是神仙世界裏的神話。

2010 年 8 月 5 日筆者仔細參觀了上海世界博覽會船舶館。在該館旁邊有棚的場地內，筆者見到了一個現代大鐵錨。錨旁的說明銘牌寫道：「此錨用於 7.6 萬噸散裝貨船，重約六噸，錨杆（廳長）高 3.5 米」〔註92〕。這就是說，錨杆（廳長）一丈零五寸（350cm÷333cm＝1.05 丈）的鐵錨一般配備在七萬多噸的巨輪上。我曾按鄭和寶船的尺寸算出大寶船的噸位為四萬多噸（後面還要論及）。這已經不太可能了。但《西洋記》中所描寫的大錨，它的錨杆（廳長）達七丈三尺〔註93〕，是這具大鐵錨的七倍。以此類推，它所應配備的大船，當為幾十萬噸的超級巨輪——這簡直是天方夜譚。

〔註88〕《西洋記》卷三第十五回。
〔註89〕《西洋記》卷四第十八回。
〔註90〕《西洋記》卷四第十八回。
〔註91〕《西洋記》卷四第十八回。
〔註92〕 筆者還拍有該錨的照片，需要的話可以提供。
〔註93〕 明代的營造尺、量地尺，裁衣尺分別合今 31.8、32.7、34.0 釐米（見編委會編《中國歷史大辭典》附錄（一）《中國歷代尺度演變表》），平均 32.8 釐米，只比今尺 33.3 釐米短 0.5 釐米。故基本可忽略不計。

　　爲了與這麼大的錨相稱，羅懋登也描寫和誇大了錨鏈繩（或錨纜）。「還要百十根棕纜，每根要弔桶樣的粗笨，穿起錨的鼻頭來，才歸一統」〔註94〕。試想，弔桶般粗的作錨鏈的繩子（棕纜）有多粗，其直徑總得有一尺或一尺多吧。誰見過這麼粗的繩子，中國古代出現過這麼粗的繩子嗎？答案是否定的。可以推論，歷史上最粗的繩子恐怕只有杯子般粗，最多碗口般粗便撐到頂了。所以，《西洋記》把作錨鏈用的棕纜繩的粗細也相應地誇大了七八倍或好幾倍。

　　由於《西洋記》把下西洋的船隊的船隻數量做了極大的誇大（誇大到1456艘，等等），所以，相應地對造船的木料數量及大小（尺寸）也做了誇大。如說「……過了工部大堂印信的皇木，大約有幾千萬多根，一根也沒有了」〔註95〕。「須臾之際，只見水面上幾千萬根頂大木植隨潮而來，直至寶（船）廠下」〔註96〕。「只是那個皇木原是深山之中採來的，俱有十抱之圍，年深久，性最堅硬」〔註97〕。我們先看看所謂「十抱之圍」有多粗。一個人伸開兩臂，伸直兩手，兩手中指之間的距離便爲一抱。一抱基本上相當於人的身高。考慮到古人要稍矮點，我們設明人的平均身高爲 1.6 米。一抱爲 1.6 米，十抱便爲 16 米，那麼造寶船用的大皇木的直徑便爲 5 米（16 米 ÷ π = 5 米），周圍爲 16 米。粗既然有 5 米，那長總得有 50 米吧，如（5m × 50m）▭ 誰見過有這麼粗大的樹子，世上有嗎？即便有極個別的，那麼能找出幾千萬棵來，能在短時間內在中國的約 1000 萬平方公里的土地上找出那麼多來嗎？答案顯然是否定的。例如，世界上出木材最多的樹爲雞毛松，主要生長在海拔 500～1000米的溫濕、排水良好的山谷或山地中。雞毛松是高大、圓直的樹種，最高達 45米，最大直徑僅 1.2 米。樹幹很直，樹身很圓，沒有板根，極少凹凸。幾個因素綜合起來使得雞毛松有最大的出木材量，堪稱「萬木之冠」〔註98〕。

　　木料的多少在現代是按立方（米）計量，我們看這幾千萬根大皇木合計起來有多少立方。前面提過，漢語中三及其以上才能說幾，因此我們就按下限算三千萬根（大皇木）。設每根皇木皆爲溜圓且筆直，那麼每根大皇木的含木材量最多爲 502.7 立方米（$\pi R^2 h = 3.1416 \times 2.5m \times 50m = 502.7m^3$）。就算每

〔註94〕　《西洋記》卷四第十七回。
〔註95〕　《西洋記》卷四第十六回。
〔註96〕　《西洋記》卷四第十六回。
〔註97〕　《西洋記》卷四第十六回。
〔註98〕　參《世界之最》第 1 冊，第 90 頁，長春：北方婦女兒童出版社，2002 年版。

根爲 502 立方米，那三千萬根大皇木的總木材量爲 150 億立方米（502 m³ × 30,000,000＝15,060,000,000 m³）。而中國今天年產木材量僅約 8000 萬立方米。例如，2008 年我國木材總產量爲 8108 萬立方米（以下簡稱方），係歷史最高水準。其中，原木產量 7357 萬方，薪材產量 751 萬方。2008 年全國鋸材產量爲 2841 萬方〔註99〕。2002 年全世界木材總產量爲 33.8439 億方；其中工業用原木產量爲 15.8772 億方，薪炭材產量爲 17.9667 億方〔註100〕。

　　由以上分析計算可知，今天全世界的木材年產量都才約 34 億方，還抵不上造寶船隊用木材量 150 億方的零頭。所以，《西洋記》把造下西洋船隊的木料（材）用量又極大地誇大了。

　　《西洋記》還對寶船上掛的旗幟做了誇大，且前後牴牾。例如它說，鄭和元帥、王副元帥、神道天師、法僧國師分別乘坐的四艘大寶船，每艘船上都掛著一面十丈長的大旗〔註101〕。既是旗幟，其長寬比總得有二比一吧。那樣，十丈長的旗幟至少得有五丈寬。還有，連旗寬都有五丈，那旗杆也總得二十丈高吧（見圖）。誰見過這麼大的旗幟和這麼高的旗杆，中國古代出現過嗎？答案自然是否定的。所以，羅懋登講述的旗幟大小（及其所配套的旗杆）比實際情況也誇大了許多。

　　如果說，以上對旗艦帥旗的誇大還在可理喻的範圍內，以下對旗幟的誇大便不可理喻了。艦船隊抵達西洋第一國金蓮寶象國兵臨城下時，該國王宮內「只見又有一個細作小番叫作區蓮兒，跪著報導：是小番去打聽來，打聽得南來船上兩個大元帥，坐著兩號帥字船，就是山麼樣兒大，就有山來樣大。扯著兩杆『帥』字旗號，就有數百丈高，就有數百丈闊……」〔註102〕。我們知道漢語中上了三或三以上才能說數。這裡就算下限爲三，那也是長寬各三百丈大的旗幟。如□。這也太出格離譜了，有誰見過這麼大的天文數字般尺寸的旗幟嗎？現實生活中有過嗎？可以說，古今中外五洲四洋，從來就沒有過那麼大的旗幟。所以，《西洋記》對大寶船掛的帥旗大小的誇大，到了登峰造極、令人瞠目結舌的地步。

〔註99〕 參《2008 年我國木材產量增長 16.22%》，「中國木業資源網」，www.Edwood.cn,
　　　　 2010-09-07 查閱。
〔註100〕 參《世界林業發展概況》，「中國木材保護網」，www.cwp.org.cn,2010-09-07
　　　　　 查閱。
〔註101〕 見《西洋記》卷四第十八回。
〔註102〕 《西洋記》卷五第二二回。

　　《西洋記》說的用於下西洋的特大、大、中上、中、中下五種下洋之船，其船桅分別有九、八、七、六、五根〔註103〕。在桅杆數量問題上，《西洋記》又做了較多誇大。因爲在世界帆船史上，航海帆船從未有九桅的記錄，在 16 世紀之前從未有超過五桅的〔註104〕。世界近現代也最多有五至七桅的記錄，如 1902 年下水的德國普魯森號五桅帆船，1902 年下水的美國湯瑪斯・勞森號七桅帆船〔註105〕。中國歷史上也從未有過九桅的帆船。遍翻王冠偉編著的《中國古船圖譜》〔註106〕，楊槱著《帆船史》，倫佐・羅西編著的《船舶的歷史》等書，便會明白這點。因爲找不到一幅描畫出了九桅帆船的古畫（1840 年以前）。而直接記載下西洋的《鄭和航海圖》，上面畫的寶船只有三桅（這已是常識），《天妃經》（《太上老君說天妃救苦靈驗經》）上畫的下洋寶船隊的各寶船（共五艘）也只是三桅三帆〔註107〕。《鄭和航海圖》和《天妃經》上的寶船圖被諸多論者反覆徵引採用〔註108〕。其實《西洋記》中處處有九，比如桅要九根，等待天神下凡要用九張椅子搭臺，鄭和下西洋的經折兒要放到九龍金案上。故實際上「九」字已被當作一種極限的象徵。羅懋登取最大的寶船爲九桅，無非是想說明鄭和寶船之大，不論其桅、錨、錨鏈、旗（旗杆）等都臻於極限。所以《西洋記》描寫的大寶船的桅數大概是實際上的三倍，至少是兩倍；其他型號的船其船上的桅數也大概是實際上的兩倍或一倍多。

六、關於下洋寶船的大小與數量問題

　　以上我們逐一剖析了羅懋登《西洋記》對鄭和下西洋規模的誇大，包括對下洋人數、航行日期、下洋行程、下洋船數、大船鐵錨、大錨鏈繩、造船木料、旗艦帥旗、帥旗旗杆、寶船桅數的誇大，並論證了其誇大的程度或幅度很大，往往比實際誇大了幾倍至幾十倍。下面，我們討論本文最後一個問題，也是比較敏感頗有爭議的問題，即羅懋登《西洋記》描寫的大寶船的大

〔註103〕見《西洋記》卷三第十五回，下面還要製表論述。

〔註104〕參韓勝寶：《鄭和之路》，上海科學技術文獻出版社 2005 年版，第 49 頁。

〔註105〕見〔意〕倫佐・羅西：《船舶的歷史》，廣州：廣東人民出版社 2006 年版，第 59 頁。

〔註106〕參王冠偉編著：《中國古船圖譜》，北京：三聯書店 2000 年版。

〔註107〕該文獻附有卷首插圖的明抄本藏北京國家圖書館古籍部善本室，我曾親見。

〔註108〕我也在《從考古文物實驗辨析鄭和寶船的噸位》一文（載《華夏考古》2005 年第 4 期）中採用過這兩幅圖。

小（或尺寸、或噸位）及其數量的問題，以便加深認識，廓清迷霧。

前面曾提到，在《碧峰圖西洋各國，朝廷選掛印將軍》這一回，法僧長老曾向皇帝呈上一個經折兒，經折兒裏面還「畫的是船，船又分得有個班數，每班又分得有個號數」。該經折兒講清解答了「過洋用的多少船隻，怎麼樣兒制度」的問題。而且該計劃經御批照此付諸實行：「請下了金碧峰的寶船圖樣來，依樣畫葫蘆。圖上寶船有多少號數，就造成多少號數；圖上每號有多少長，就造成多少長，圖上每號有多少闊，就造成多少闊；圖上每號怎麼樣的制度，就依他怎麼樣的制度」〔註109〕。在「天地協合、鬼神效力」的情況下，在「天神助力」的形勢下，尤其是在傳說中的建築工匠、木匠的祖師爺、春秋時的魯班的神力幫助下，那麼多那麼大的船不到短短八個月（「不及八個月日」）便造好竣工了。正如這一回的題目：「寶船廠魯班助力，鐵錨廠眞人施能」〔註110〕。

下面我們製表看看《西洋記》所述的下洋船隊的船隻情況。

《西洋記》中下西洋船隊的船隻情況簡表

班　數	型　號	船　數	桅杆	長　度	闊　度
第一班	寶船	卅六	九根	卅四丈四尺	十八丈
第二班	馬船	七百	八根	卅七丈	十五丈
第三班	糧船	二百四十	七根	廿八丈	十二丈
第四班	坐船	三百	六根	廿四丈	九丈四尺
第五班	戰船	一百八十	五根	十八丈	六丈八尺
共五班	共五型	共 1456 艘	共 10304 根	合　計	

據《西洋記》卷三第十五回第 187～188 頁資料製表

按羅懋登《西洋記》的描寫，在那三十六艘特大船中，有四艘的內部結構、建築、裝修特別龐大複雜和富麗堂皇。

是那（哪）四號寶船不同？第一號是個帥府，頭門、儀門，丹墀、滴水、官廳、穿堂、後堂、庫司、側屋，別有書房、公廨等類，都是用雕樑畫棟，象鼻挑簷，挑簷上都按了銅絲羅網，不許禽鳥穢污。這是征西大元帥之府。第二號也是（和）帥府一樣的……，這

〔註109〕《西洋記》卷四第十六回。
〔註110〕《西洋記》卷四第十七回。

是征西副元帥之府。第三號是個碧峰禪寺，⋯⋯這是金碧峰受用
的⋯⋯。第四號是個天師府，⋯⋯這是龍虎山張天師受用的〔註111〕。

　　把大元帥府、副元帥府、佛教禪寺、道教洞觀搬上大寶船或在大寶船上
建造這些建築，那大寶船得有那麼大（長44丈，寬18丈。缺型深，設深為9
丈）才有可能。如果大寶船沒有那麼大，那麼所描寫的那四大建築也就要大
大縮水了，也就只能理解為小說家的創作、想像和虛構了。

　　那麼，下西洋的大寶船〔註112〕有沒有那麼大那麼多呢。一部分專家學者
是全盤肯定力挺的，因為不僅羅懋登的《西洋記》那麼說，其他的原始的一
手文獻也那麼講。如曾三下西洋的馬歡的《瀛涯勝覽》說：「寶船六十三隻：
大者長四十四丈四尺，闊一十八丈，中者長三十七丈，闊十五丈」〔註113〕。
還有明談遷的《國榷》（著於明末清初1621～1656年），明顧起元的（1565～
1628）的《客座贅語》，被證明是《瀛涯勝覽》早期抄本的《三寶征夷集》，《鄭
和家譜》以及《明史‧鄭和傳》。它們之間當然也有一點細微的差別，如《明
史》便說「造大舶，修四十四丈，寬十八丈者六十二」〔註114〕。其長度只少
了四尺，船數隻少了一艘——皆微不足道。在上述原始資料一手文獻中，只
有羅懋登《西洋記》講明了在六十二（三）艘特大寶船中，長四四丈（四尺）、
寬十八丈、九桅的最大寶船為三十六艘。於是，肯定派的便認為此說合理，
那麼長三十七丈、寬十五丈、八桅的寶船便自然為二十六（或二十七）艘。
這樣，大寶船共有62～63艘也似乎合理合情一些了〔註115〕。一部分專家學者
是大部分肯定或部分肯定力挺的。他們認為那種特大號寶船（長四四丈，寬
十八丈，設深九丈，九桅）的確出現過並下西洋撫了夷取了寶，只不過沒有
那麼多而已，或許只有十幾或二十幾艘〔註116〕。部分肯定的學者指出，那麼

〔註111〕《西洋記》卷四第十六回。
〔註112〕現在特指那36艘大寶船，因為其他的四班四型船的總數量我們在前面已確證
　　　　它們被極大地誇大了。
〔註113〕《瀛涯勝覽‧寶船與人員》。
〔註114〕《明史》卷304《宦官‧鄭和傳》。
〔註115〕如陳延杭：《鄭和寶船的長寬尺寸論證》，《海交史研究》2001年第2期：持
　　　　這一觀點的論著不少，可參朱鑒秋主編：《百年鄭和研究資料索引 1904～
　　　　2003》，上海：上海書店出版社，2005年版。限於篇幅不一一舉例。
〔註116〕如席龍飛：《鄭和寶船的文獻文物依據》，載《紀念鄭和下西洋600週年國際
　　　　學術論壇論文集》，北京：社會科學文獻出版社，2005年版。席氏原話為：「這
　　　　62艘船既有大者、中者，也應有小者在內」。第482頁。

大的也有幾艘，但只用於在長江或中國沿海航行，供皇帝等乘坐檢閱巡視，沒用於下洋撫夷取寶〔註117〕。最近又有大部分肯定的新說，即認為那麼大那麼多的大寶船在最初下西洋時並沒有，而是在第四至第七次下西洋時出現的，並的確下洋撫夷取寶〔註118〕。

自然，也有一部分專家學者對大寶船有那麼大（那麼多）是持否定意見的。否定派中最大最著名的代表便是楊槱院士〔註119〕。我也曾經寫過兩篇文章，否定鄭和大寶船有那麼大（那麼多）〔註120〕。這兩篇文章的創新和特點在於：史載大寶船的尺寸只有長度、寬度，沒有深度。我按造船法式和一般規則，把它定為至少深九丈（即長44丈、寬18丈、深9丈）；尺寸是古代的度量法，噸位才是衡量船舶大小的現代度量法。按此尺寸，我計算出大寶船的噸位有四萬多噸（滿載排水量）。第一篇從史學角度論證世界上從未有過這麼大的木帆船，它造不出來。即便造出來了幾艘，也不能下洋撫夷取寶，因為它會漏損、翻沉、折斷、散架、解體、傾覆等。第二篇從考古文物遺跡角度，指出現存的文物、遺跡、考古發現均不能證明歷史有過那麼大的木帆船。我這篇文章主要是研討羅懋登的《西洋記》的。我也就從羅懋登《西洋記》這個新的角度再簡單討論一下這個老大難問題。

羅懋登不是造船技術員、工程師、設計師、工程家，但他是文人、學者、小說家。他在寫作《西洋記》之前和之時必然要廣泛搜集有關的文獻資料，必然要深入體驗生活、調查研究，必然要瞭解熟悉造船、航海、設計、施工等知識，掌握諸多常識，諸如用料、工期、造價等，他自然會基本的計算，懂得相似形、按比例縮放、匹配、相稱這些基本的原理。懂得他的小說要盡量地自圓其說互相照應。所以，他在他的小說中才講述了那麼多引人入勝、神奇浪漫的故事。要造出那麼大那麼多的船，就得耗用幾千萬根特大皇木（我已否定了，不可能找到那麼大那麼多的皇木）；要有那麼大的船就得配那麼大

〔註117〕如鄭明《大號寶船與二千料海船在鄭和下西洋舟師中之關係考辨》，載《紀念鄭和下西洋600週年國際學術論壇論文集》。

〔註118〕參席龍飛：《大型鄭和寶船的存在及其出現的年代探析》，載《海交史研究》2010年第1期。

〔註119〕楊槱的有關論著頗多，如《帆船史》，上海：上海交通大學出版社2005年版，第66頁、88頁等。有興趣者可參朱鑒秋主編的《資料索引》。限於篇幅不一一列舉。

〔註120〕張箭：《鄭和寶船實際噸位探討》，載《上海交通大學學報》哲社版2004年第3期；《從考古文物實驗辨析鄭和寶船的噸位》，載《華夏考古》2005年第4期。

的錨，有那麼大的錨就得有那麼大的錨環，就得有那麼粗大的錨鏈繩（我們也否定了，沒有那麼大的錨和繩）；在那麼大的船上就應掛那麼大的旗幟就得立那麼高的旗杆（我們也已否定了世上沒有那麼大的旗和那麼高的旗杆）。羅懋登還懂得，那麼大的船要出海航行，就得有那麼多的桅檣（九根），掛那麼多那麼大的風帆。這樣才能出海下洋，航行時才能保證有能驅動它正常前進行駛的風力（我在前面也予以了否定）。

總上，我們既然證實了《西洋記》所說的與大寶船的匹配相稱配套的造船之木料、鐵錨、錨鏈繩、旗幟、旗杆、桅杆數量、船舶數量都比歷史實際誇大了許多，那麼有一句古語似乎也可以反過來說：「毛之不附，皮將焉存」。我們也就自然可以推論下西洋的大寶船遠沒有文獻所載的那麼大（長 44 丈、寬 18 丈、深 9 丈、4 萬多噸）。它只在歷史文獻中存在，在社會生活實踐和下西洋的航海行動中並不存在。否定了特大寶船的存在，也自然否定了所謂大寶船上分別有大元帥府、副元帥府、國師禪寺、天師洞觀及其建築、結構等的存在，至少得大大縮水。因為「皮之不存，毛將焉附」。至於特大寶船它為何出現在歷史文獻中，與歷史實際脫節，限於篇幅和本文主旨，這裡暫不做討論。

電影電視是最講究逼真的。20 世紀末的美國好萊塢大片《泰坦尼克號》中的道具泰坦尼克號輪船，便是根據歷史上冰海沉船的災難事件，按原船滿載排水量 4.6 萬多噸〔註 121〕的 75% 的噸位，製造的一艘作為道具船的 3.5 萬噸輪船。而中國的電視臺曾於 20 世紀八十年代播出過一部二十集大型電視連續劇《鄭和》。其中的寶船看起來只有一千多噸，載員一百幾十人。到了 21 世紀零十年代，國家電視臺又播出了一部五十九集大型電視連續劇《鄭和下西洋》。劇中迴避了大寶船的尺寸、大小、噸位問題。不過編導的意圖看得出是傾向認可長寬深各 44 丈、18 丈、9 丈的說法。但問題是劇中從未出現過可以看出船的大小的中（距離）鏡頭，而只有近鏡頭、超近鏡頭或遠鏡頭、超遠鏡頭。如果有中鏡頭，比如特大船與小船、小艇、小舢板同時在一起；人登上特大船或走（爬）下特大船，換乘小艇登岸的鏡頭，那也至少能說明道具船中有過那麼大的木帆船。所以說直到今天連道具船中也不存在那麼大的木帆船，遑論六百年前的明代，遑論出現在下西洋的驚濤駭浪之中。

2010 年暑假我遊玩了上海世界博覽會，仔細參觀了規模特別宏大的船舶館。在船舶館的館外有棚地面大廳場地上的「船史大道」上，一字排開放著

〔註 121〕cf.G.J.Marcus：Titanic, Encyclopedia Americana, Chicago,1980s, Vol.26, p.285.

六個大型玻璃櫃，裏面陳列著從唐代到清代的各種有代表性的六艘木船模型〔註122〕。可獨獨沒有名氣大得多的鄭和下西洋的大寶船。這透露出造船界的工程師設計師們、航海界的船長大副水手們，憑他們的專業知識和學養，也懷疑或不相信歷史上有過那麼大的木帆船，於是迴避了這個頗有爭議的問題……

本文論證考辨了羅懋登《西洋記》對鄭和下西洋規模的大幅度誇大，包括對下洋人數、航行日期、下洋航程、船隻數量、造船木料、大船鐵錨、鐵錨鏈繩、船旗和旗杆、大船桅數的大幅度誇大。最後從新的角度談了對史籍所載的大寶船的尺寸（大小、噸位）的懷疑和否定意見。我們當然不指望這篇文章就能終結有關的爭論，但它至少可以爲我們認識歷史實際中的鄭和下西洋及其規模，包括寶船大小提供了新的視角、思路、方法、理論和資料。總之，既如魯迅先生之概括：「惟書則侈談怪異，專尚荒唐」，「所以仍然是神魔小說之流」〔註123〕；也如季羨林先生之評論，《西洋記》一書是「眞人與神人雜陳，史實與幻想並列。有的有所師承，有的憑空肊（臆）造」〔註124〕。通讀過《西遊記》、《封神演義》這兩部明代小說的讀者，再通讀《西洋記》便會感到，它們仨都是有眞實歷史背景的神魔小說，其用浪漫主義手法創作的分別是唐僧取經、周文武伐商紂、鄭和下西洋的歷史故事。所以，我們在把《西洋記》作爲明代資料文獻研究有關歷史問題時，須注意吸取其合理、合情、有據、合邏輯的部分和成分，揚棄其非理性、悖情、無據、荒誕、乖戾的部分和成分。這樣才能「去粗取精，去僞存眞，由此及彼，由表及裏」〔註125〕，逐步逼近歷史的實際。

（附識：文中各計算題曾請電子科技大學電子工程學院 2009 級本科生 2013 級研究生張庭蘭審核驗算，特此鳴謝！）

（原載《跨越海洋："海上絲綢之路與世界文明進程"國際學術論壇文選》，浙江大學出版社 2012 年 8 月版）

〔註122〕第一艘是距今 1400 年的沙船；第二艘是福建丹陽船（福船）；第三艘是《清明上河圖》中的北宋汴河客船；第四艘是 1846 年建成的耆英號木帆船；第五艘是洋務派 1864 年造出的第一艘木殼蒸汽動力明輪黃鵠號；第六艘是 1868 年建成的第一艘木殼蒸汽動力明輪軍艦惠吉號。

〔註123〕魯迅：《中國小說史略》，北京：人民文學出版社 2006 年版，第 177 頁，337 頁。

〔註124〕季羨林：《新版序》，載《西洋記》卷首。

〔註125〕毛澤東：《中國革命戰爭的戰略問題》（1936 年 12 月），《毛澤東選集》一卷本，北京：人民出版社 1964 年版 1970 年印刷，第 164 頁。

Exaggeration of Scale of Zheng He's Sailing to Wester Ocean by Luo Maodeng's Xiyangji

Abstract

Luo Maodeng's Xiyangji（《西洋記》）during Ming dynasty is a romantic ,historical novel of god and demon. It exaggerates the scale of Zheng He's sailing to the Western Ocean by a bigger margin. It exaggerates persons in sailing to the Western Ocean from more than 270 thousands to more than 0.1 million at least ; It does the period of navigation of one travel from about two years to about seven years ; It exaggerates the farthest distance of one-way travel－this paper verifies as 23 thousands semi-kilometers－as more than 0.1 million semi-Kilometers; It does the quantity of ships attending the long navigations－this paper verifies as 208 ships at most in one time－as more than thousand ones; It exaggerates the big anchors used in the big ships of sailing to the Western Ocean －this paper does as height of 8-9 Chinese feet（0.33 meter）at most－as higher than 8 Chinese Zhang（1 丈 Zhang =3.33 meters ）.Besides, it exaggerates a great deal of the diameter of anchor's rope chain, quantity of timber of making ship , including the quantity and diameter of logs ,the size of flag and height of flagpole used in flagship, and the amount of mast set in the big ships. In addition, this paper discusses the size of the treasure ship, the architect and four great mansions in them also, because they exist questions of exaggeration in a bigger margin too.

Key words : Xiyangji（《西洋記》）; Persons ,period of navigation, distance of travel, amount of ships in sailing to the Western Ocean; Various equipments of ship; Anchor, Mast; Timber of making ship; Size and construction of treasure ship.

古籍整理篇

《鄭和航海圖》的復原和拼接

提　要

　　據明清線裝刻本《武備志》復原《鄭和航海圖》，得知它至少全長 7.2 米，高 0.2 米，面積 1.44 平方米。所以它是迄當時爲止中國最大的單幅海圖－地圖，也是世界上最大的單幅海圖－地圖之一。而且很可能刻板印刷時它已比原手畫手抄圖縮小了一些。由 40 幅短圖拼接形成了 39 條接縫。其中有 21 條接縫的兩邊圖形吻合或基本吻合，占總接縫數的近 54%。不吻合的有 18 條，占總數的約 46%。由此可知茅元儀主持刻印的《鄭和航海圖》是基本成功的，但也不可避免地有一些差錯和失眞。

關鍵詞：《鄭和航海圖》，復原，大小，成功與失誤
中圖分類號：K854.3，K829.49
文獻標識碼：A

　　15 世紀初鄭和下西洋期間繪成的《鄭和航海圖》流傳至今完整無缺，並被各出版社反覆出版重印，何來復原拼接之說？我所說的復原是指復原拼接成最初的一幅大圖長圖，而非現在看到的幾十幅小圖短圖。爲隆重紀念鄭和首下西洋 600 週年（1405～2005），筆者做了這一工作。

一、《鄭和航海圖》的流傳出版簡況

　　《鄭和航海圖》本名《自寶船廠開船從龍江關出水直抵外國諸番圖》，後人今人爲方便多簡稱其爲《鄭和航海圖》。該圖繪製於第六次下西洋之後，第七次下西洋之前，下洋官兵水手守備南京時期，係集體繪製；成於洪熙元年（1425 年）至宣德五年（1430 年）之間。《鄭和航海圖》本爲一字展開的長卷式，類似「長江萬里圖」。原圖當用若干紙張拼接成一特長紙幅。繪圖者在上面自右而左、從近到遠順次畫成。其下洋航線文字說明也從右到左順次寫成（其返回航線文字說明則從左到右寫成，並有從上到下、從下到上、拐彎轉向的，較爲複雜）。其裱褙、裝訂、收藏形式估計有兩種可能（如果它裱褙、裝訂了的話）：一是經摺式，收藏時折疊在一起，閱覽時展開，類似明清的奏摺，讀者看時得「拉手風琴」。筆者曾在國家圖書館古籍善本書室閱覽過的明初 1420 年鈔本《太上說天妃救苦靈驗經》、筆者收藏的清初雍正二年（1724 年）《太保公四川陝西總督年羹堯奏摺》，便都是經摺式本。另一種便是手卷式卷軸，收藏時卷成一筒，閱覽時展開，類似豎著掛的立幅字畫（但它不掛）。《鄭和航海圖》繪成後，一直未刊（圖畫不比文字資料，刊刻較難）。據徐玉虎、范文濤、向達等先生研究和推測（徐著有《明代鄭和航海圖之研究》，臺北學生書局 1976 年版；范著有《鄭和航海圖考》，上海商務印書館 1943 年版；向達整理過《鄭和航海圖》，北京中華書局 1961 年版），下西洋停止後，《鄭和航海圖》便上交朝廷，存於國家檔案庫裏。後來，因一部分大臣如戶部尚書夏元吉、兵部尚書劉大夏等認爲下西洋勞民傷財死人，縱得奪寶而回，於國家民族國計民生何益，是永樂朝一大弊政。於是便隱匿了一些下西洋的資料案卷，其中包括《鄭和航海圖》，以預防或阻止重下西洋。此後，下西洋的一些檔案資料卷宗包括海圖便散失民間。

　　到明末萬曆天啓年間（中有泰昌但僅一年），《鄭和航海圖》可能輾轉傳到茅元儀手中。茅元儀（1594～1630）是浙江歸安（今湖州市）人，字止生，號石民。其祖父茅坤曾佐嘉靖進士、浙江巡撫胡憲宗幕府。元儀秉承家學，

嗜好孫武之韜略，曾佐萬曆進士、兵部尚書孫承宗軍幕。元儀官至副總兵。
在從政治軍之餘，他編纂了《武備志》一書，共二百四十卷。其最後一卷即
第 240 卷《占度載‧航海》便是《鄭和航海圖》。爲便於刻板、印刷、裝訂、
收藏，茅元儀讓工匠把原一字展開的長卷式航海圖改成書本式，分爲 20 連頁，
裁爲 40 幅。如果加上前面的說明（說明爲 1 連頁，第一單頁字寫滿，第二單
頁字未寫滿），後面的 2 連頁 4 幅過洋牽星圖，則一共 23 連頁，44 幅圖，2
幅說明。茅元儀大部頭的《武備志》於萬曆四十七年（1619）編成，於天啓
元年（1621）付梓刻成刊印，於崇禎元年（1628）進呈於上。因涉及遼東事
及建州事，清朝列其爲禁書。至道光開禁後，才重新行印。故今流傳於世者
有明天啓本，清道光本，康熙初年－寬文初年（1664）的日本刻本。《鄭和航
海圖》也就作爲《武備志》中的一卷存於其中。而原來的手畫原圖在《武備
志》付梓後不久便亡佚，估計已不存於世了。

　　《鄭和航海圖》的現代鉛印影印本有向達整理、中華書局 1961 年的單行
本，2000 年中華書局把向達整理或校注的《西洋番國志》、《鄭和航海圖》、《兩
種海道針經》（一爲《順風相送》，二爲《指南正法》）重印出了合訂本。在臺
灣地區，宗青‧華世出版社 1996 年出版了《武備志》的影印本。在大陸地區，
上海古籍出版社 20 世紀 90 年代出版了《續修四庫全書》，齊魯書社同時期出
版了《四庫全書存目叢書》，它們均收有《武備志》（影印本）。此外，解放軍
出版社、遼瀋出版社 1989 年出版了「中國兵書集成」叢書，其中也收有《武
備志》。以上影印的《武備志》中自然有《鄭和航海圖》。

二、《鄭和航海圖》的大小

　　上述現代出版的《武備志》中的《鄭和航海圖》均比明清線裝刻本縮小
了尺幅。例如，中華書局 1961 年出的向達整理單行本，每一小圖短圖長約 12.2
～12.4cm，寬約 8～8.5cm（均按版框內的實際大小量算）；中華書局 2000 年
出版的合訂本其圖更小：每圖長約 9.1～9.4cm，寬約 6.1～6.4cm（說長約多少
至多少、寬約多少至多少是因每幅小圖的長寬不完全一致，有一點出入）。臺
灣出的《武備志》影印本，每圖長約 15.5cm，寬約 11cm；上海古籍出版社出
的《續修四庫全書》所收的《武備志》，其《鄭和航海圖》每圖長僅 10.2cm，
寬僅 6.7cm；等等——它們都大大小於現存的明清線裝刻本。據筆者查過的《武
備志》的兩種明清線裝刻本——一是四川省圖書館藏清刻本（已斷句，未加

標點符號），每幅圖長 20.5 釐米，寬 14.3 釐米；二是四川大學圖書館藏明刻本（已斷句，有批點符號，無現代標點符號），每幅圖長約 20 釐米，寬約 15 釐米。現以川大收藏的《武備志‧鄭和航海圖》為藍本復原，則全圖長為 15cm ×46（航海圖 40 幅、牽星圖 4 幅、序相當於 2 幅，共 46 幅。空白 1 連頁 2 幅不計不復原）＝690cm＝6.9m（復原後原來的單幅圖寬便轉變成一長圖的長）。中國傳統的山水畫和輿地圖，在圖畫的有效成分以外必然要留點空白，我們就算兩頭各留 15cm，這樣，全圖至少全長為 7.2 米，高為 0.2 米；全圖面積約為 7.2 米×0.2 米＝1.44 平方米。

我推測，茅元儀將航海圖收入《武備志》刻板付印時，很可能對原手畫手寫圖有所縮小，因為縮小一些將減小刻板、印刷、裝訂時的技術困難（也許還會減小造紙時的困難，因是連頁），也將大大降低印刷出版的（經費）成本。中華書局出的《鄭和航海圖》比起線裝書來不是也越印越小嗎。就以長 7.2 米，高 0.2 米，面積 1.44 平方米來看，《鄭和航海圖》也是迄當時為止中國尺幅最大的單幅地圖－海圖；也是迄當時為止世界上最大的單幅地圖－海圖之一（地圖集－海圖冊不在比較範圍內）。還可以推測，《鄭和航海圖》原圖可能是彩色，如同淡彩青綠山水畫。因為據羅懋登《西洋記》，在醞釀下西洋撫夷取寶之事期間，法僧國師曾向皇帝呈上幾個經折兒，其中一個實際上是幅航海圖。「只見這個經折兒又是大青大綠的故事。青的畫得（的）是山，綠的畫的是海，海裏畫的是船……」（《西洋記》卷三第十五回）。羅懋登比茅元儀大一輩或兩輩（1597 年尚健在），更應該見過原圖。收入《武備志》刻印時改成了黑白（在當時的技術條件下要彩印則複雜困難得多，也要貴得多，而且也印不好）。再進一步推測，原圖的構成除了線條外，還有中國傳統國畫、山水畫的其他一些獨特的表現筆法手法技法，如點弿、渲染、山石皴法等。刻印時，不得不進行一些改動、省略、捨棄，成了完全的線條山水畫、木刻版畫。

三、復原《航海圖》發現的問題和幾點認識

筆者依據向達整理、中華書局 1961 年出版的《鄭和航海圖》（此圖估計是根據明天啟元年（1621 年）刻本為藍本），複製還原了一幅《鄭和航海圖》。其工作步驟是先複印，然後裁剪，再拼接粘貼，最後裱褙裝訂成手卷卷軸。本人在復原過程中既感受到茅元儀刻印《鄭和航海圖》使之流傳於世的功

績，也發現了他們刻板、印刷、裝訂中的一些問題。下面，先一幅一幅地講一下拼接狀況。

1、2 圖之間（←從右至左，非圖首說明），上部中部吻合，下部 1 圖顯得短了小了一些；倘要把下部接好、對齊、吻合，上部、中部又錯開了。2、3 圖之間吻合。3、4 圖之間，若上半圖吻合，下半圖便錯開了；倘把 2 圖下降，則下半圖吻合，上半圖又錯開了。6、7 圖之間，若圖形吻合，則版框過於錯開，難以裝裱。若版框對齊，則 6 圖往上錯開 7 圖許多。7、8 圖之間基本吻合。8、9 圖之間基本吻合。9、10 圖之間，下半圖吻合，上半圖錯開。倘 9 圖上移，則上半圖吻合，下半圖錯開。10、11 圖之間，若版框吻合，則圖形錯開；若將 10 圖下移一些，則圖形吻合，但 10 圖版框向下錯開不少，不便裝裱。11、12 圖之間吻合。12、13 圖之間，上部吻合，中部下部錯開。給人的感覺是 13 圖中部下部刻小了，往上往下移都無法吻合。13、14 圖之間不吻合。原因是 13 圖下部刻小了，連邊框都對不齊。14、15 圖之間下半部航路等吻合，但上半部海岸山勢等不吻合。倘 14 圖上移，雖上半部吻合，下半部便又錯開，且邊框也向上錯開。15、16 圖之間不吻合。感覺是連接處重複了一點。倘把連接處裁掉一點，拼接起來從圖形上看便比較吻合。16、17 圖之間不吻合，倘 16 圖上移，上半圖可吻合，但下半圖又錯開，且邊框也向上錯開。同時感覺 16 圖版框不正，下半圖斜了、窄了一點。17、18 圖之間吻合。18、19 圖之間不吻合，上半圖吻合，下半圖不吻合。倘 18 圖下移，則下半圖吻合，上半圖又錯開，且邊框也向下錯開。19、20 圖之間不吻合。下半圖航路吻合，海岸線卻錯開。倘 19 圖下移，則海岸線吻合，但航路和邊框又向下錯開。20、21 圖之間基本吻合。21、22 圖之間吻合。22、23 圖之間不吻合。下半圖吻合，上半圖不吻合。倘 22 圖下移一些，則上半圖吻合，下半圖和邊框又向下錯開。23、24 圖之間吻合。24、25 圖之間基本吻合。25、26 圖拼接後中部吻合，上部下部均錯開，無法調整。經反覆比對、折疊，感覺似乎是連接處多了（重複了）一部分。26、27 圖上端、下端均吻合，但主要的中間部分卻錯開了。26 圖下移則中間大部分能吻合，但上下兩端又向下錯開。27、28 圖之間基本吻合。28、29 圖之間不吻合。下半部吻合、上半部不吻合。倘 28 圖向下移動一些，則上半部可吻合，下半部又向下錯開。29、30 圖之間基本吻合。30、31 圖之間不吻合。下半部吻合，上半部錯開，倘 30 圖下移，則上半圖、邊框基本吻合，但下半圖又向下錯開。31 圖與 32 圖之間基本吻合。32 圖與 33 圖

之間基本吻合，但版框有點不吻合，32 圖向下錯開。33 與 34 圖之間基本吻合，但 33 圖版框向下錯開一些。34、35 圖之間基本吻合。35、36 圖之間不吻合。倘 35 圖下移一點，則圖中部吻合，圖上部下部仍不吻合。36、37 圖之間不吻合。倘 36 圖上移，則下半圖吻合，上半圖和版框向上錯開太多。37、38 圖之間吻合。38、39 圖之間基本吻合。39、40 圖之間基本吻合。

在以上共 40 幅單圖 39 條接縫中，兩圖圖形吻合和基本吻合、版框也能基本對齊的共有 2～3 圖、4～5 圖、7～8 圖、8～9 圖、11～12 圖、17～18 圖、20～21 圖、21～22 圖、23～24 圖、24～25 圖、27～28 圖、29～30 圖、31～32 圖、34～35 圖、37～38 圖、38～39 圖、39～40 圖，共 17 條接縫，占總數的 43.59%；圖形拼接能吻合但版框無法對齊錯開的有 6～7 圖、10～11 圖、32～33 圖、33～34 圖，共 4 條接縫，占總數的 10.25%；若不考慮版框，兩圖圖形能吻合和基本吻合的，即以上兩種情況的接縫相加，則共 21 條接縫，占總數 39 條接縫的 53.85%。兩圖圖形不能吻合的接縫有 1～2 圖、3～4 圖、5～6 圖、9～10 圖、12～13 圖、13～14 圖、14～15 圖、15～16 圖、16～17 圖、18～19 圖、19～20 圖、22～23 圖、25～26 圖、26～27 圖、28～29 圖、30～31 圖、35～36 圖、36～37 圖，共 18 條接縫，占總接縫數 39 條的 46.15%。現把拼接簡況列表如下：

拼接情況簡表

狀　　　況	接縫總數 39	百　分　比	總　　　計
吻合與基本吻合	17	43.59%	53.85%
雖基本吻合，但版框錯開	4	10.25%	
不吻合	18	46.15%	

由以上論述可以得出幾點認識：第一、茅元儀主持、出資、刻印《鄭和航海圖》功不可沒。否則，我們今天很可能就看不到這幅海圖了。第二、臨摹、刻寫是基本成功的。各分圖之間的接縫吻合和基本吻合的約占總數的 54%，不吻合的約占 46%。第三、由長卷式手畫手抄圖改成書本式，臨摹、刻寫時不可避免地造成了一些失真，它們包括：1、分圖與分圖（之間的接縫）近一半不吻合，有失誤差錯；2、刻寫本很可能比原手畫本有所縮小；3、原來很可能是彩色圖（淡彩），被改成了黑白圖；4、可能原有的國畫的一些畫技筆法，如皴法，點丟、渲染等，被省略捨棄了，成了完全的線圖版畫；5、

由於裁圖，關於航路的文字說明有一些一句話被斷成兩截，分在兩幅圖裏。如一句話上半截在上幅分圖裏，下半截在下幅分圖裏。因返航線路的文字說明是從左到右書寫，故還有一句話的上半截在下幅圖裏，下半截卻在上幅圖裏的情況。故閱讀時須十分小心。

　　總之，《鄭和航海圖》據線裝刻本復原拼接後，至少長 7.2 米，高 0.2 米，面積 1.44 平方米，是迄當時爲止中國最大的單幅地圖－海圖，也是當時世界上最大的單幅地圖－海圖之一。

主要參考文獻

1. 〔明〕茅元儀：《武備志》卷二四〇《占度載·航海》，卷一《序·兵訣評》，四川省圖書館藏清刻本；

2. 〔明〕茅元儀：《武備志》卷二四〇《占度載·航海》，卷一《序·兵訣評》，四川大學圖書館藏明刻本，批點本；

3. 〔明〕茅元儀：《武備志》卷二四〇《占度載·航海》，卷一《序·兵訣評》，臺北宗青·華世出版社 1996 年版；

4. 范文濤：《鄭和航海圖考》，上海商務印書館 1943 年版；

5. 徐玉虎：《明代鄭和航海圖之研究》，臺北學生書局 1976 年版；

6. 向達整理：《鄭和航海圖》，北京中華書局 1961 年版。

7. 沈叔羊：《談中國畫》，北京人民美術出版社 1980 年增訂版。

（原載《四川文物》2005 年第 2 期）

Restoration and Joining Together of Chart Reflected Zheng He's Voyage

Abstract

To restore the Chart Reflected Zheng He's Voyage according to A Survey of the Defence Preparations（Wubeizhi）in the thread-bound book of block-printed edition during Ming and Qing dynasties, we can know that at least the overall length of the chart is 7.2 metres, the breadth of it 0.2 metre and its area about 1.44 square metres. So it was the biggest single chart-map in China and one of the biggest in the world up to its own then. And also the chart of the thread-bound book of block printed edition had most likely reduced some on scale than the original chart painted and written by hand. Piecing 40 short charts together forms 39 piecing seams. Among them both bilateral graphs of 21 piecing seams are identical or basically identical, making up nearly 54 per cent of total piecing seam. But of 18 seams aren't identical, accounting for about 46 per cent of total. Thus it can be known that The Chart Reflected Zheng He's Voyage cut and printed in charge of General Mao Yuanyi was successful basically, but there are unavoidably some errors and lacking fidelity in it.

Key words: Chart reflected Zheng He's voyage, Restoration, Its size, Success and fault.

鄭和航海圖（拼接復原後的狀貌）

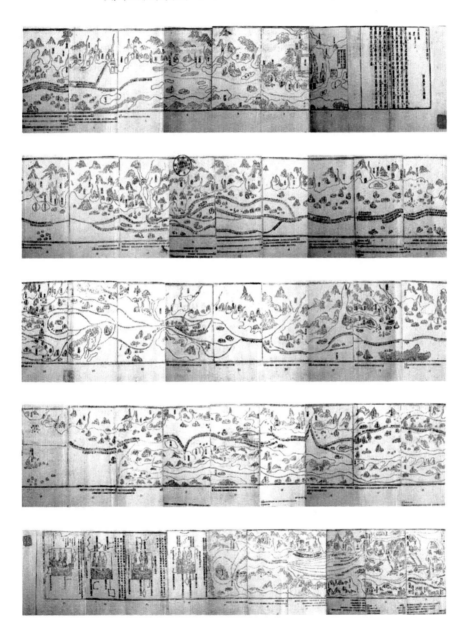

《鄭和航海圖》航線說明輯錄及處理

提　要

　　《鄭和航海圖》上有一些關於航線和導航技術的說明文字，極富學術價值。但這些文字在線裝刻本上有些已漫漶不清。現有的影印本雖偶有對那些文字用鉛字單獨排印，但從未斷句標點。尤其是未意識到和注明：不少語句被斷成了兩截分隔在兩幅圖裏。以上因素造成閱讀困難。是故我把那些說明文字輯錄，連綴；斷句，加標點符號；用簡體字橫排；稍加校勘訂正。此外，還注明被分隔為兩截的半句話上接哪兒，下轉哪兒；並補入圖上從未被印成鉛字的觀星角度說明；同時將過洋牽星圖上的文字首次標點鉛印。

　　關鍵詞：鄭和航海圖，航線說明，一句斷成兩截，古籍校勘。
　　中圖分類號：K2O4, U675.81
　　文獻標識碼：A, Z

一、對本輯錄的說明及處理

明初《鄭和航海圖》(《自寶船廠開船從龍江關出水直抵外國諸番圖》)上除了地名外,有一些關於航線針路沿途情況的文字說明,十分重要珍貴。但它們的行文方向複雜不一,字跡有些已不清楚,又未斷句標點,讀起來頗不方便。《鄭和航海圖》除了明、清線裝刻本外,影印本主要有向達先生整理,中華書局 1961 年出版本;中華書局 2000 年又把向達整理或校注出版的《西洋番國志》、《鄭和航海圖》、《兩種海道針經》(第一種為《順風相送》,第二種為《指南正法》)三本書的單行本合訂重印再版。20 世紀 90 年代(1996 年),齊魯書社出版了卷帙浩繁的《四庫全書存目叢書》,其中子部兵家類第 35 冊收有茅元儀的《武備志》(影印本)。此外,臺灣宗青・華世出版社 1996 年出版了茅元儀《武備志》(影印本)。這兩個《武備志》影印本自然收有《鄭和航海圖》。不過,臺灣的影印本比中華書局的影印本清晰度差,且無說明文字的鉛字排印。

在以上現代出版的影印本中,只有中華書局 1961 年出的向達整理的單行本曾把圖中的航線說明文字用鉛字單獨排印,列在圖下,但仍未斷句標點。現在,該版本已漸漸稀少不好找了。中華書局新出的合訂本又把 1961 年版曾有的圖下面的鉛印字刪了。其他的影印《武備志》又從未把圖中的航線說明文字單獨排印。另外,最後的四幅過洋牽星圖上的說明文字,更從未被鉛印、點校過。鑒於這種情況,在隆重紀念鄭和首下西洋六百週年(1405～2005)之際,本人不揣譾陋,率爾操觚,在向達整理、中華書局 1961 年出版的《鄭和航海圖》的基礎上,把那些圖中航線說明文字輯錄收集,綴成一篇,斷句標點,用簡體字橫排;並稍做校勘,對個別錯誤的木刻原字和鉛字訂正。此外,有的圖上有標注觀星角度的文字,向達整理時未出鉛字,這次也錄入。圖中說明文字的行文方向向達只標出了向左或向右,實際上有些是向上或向下,這次也據實際情況標明。同時把過洋牽星圖上從未被印成鉛字的文字也點校、排印。這樣,庶幾裨益於學人閱覽焉。本人學淺,點校舛誤難免,盼方家斧正。

本人在點校中發現一個既重要又棘手的問題。《鄭和航海圖》本為一字展開的手卷式,類似「長江萬里圖」卷軸。原圖可能是用許多紙張拼接成一特長紙幅,繪圖者在上面自右而左一氣畫成。其去程航線文字說明也自然從右

到左一氣寫成（返程航線文字說明則從左到右寫成。還有從上到下、從下到上的；甚至還有拐彎轉向的，十分複雜）。收藏時折疊在一起，閱覽時展開。類似明清的奏摺，讀者看時得「拉手風琴」。這樣的古籍眞本筆者也曾親見。筆者曾在國家圖書館古籍善本書室閱覽過明初 1420 年刻本《太上說天妃救苦靈驗經》，此書便是這樣的經折裝。《鄭和航海圖》的手畫手抄原本早已亡佚。明末茅元儀收入《武備志》卷 240 後改爲書本式，木刻版。這樣就把原來的一幅特長圖分割爲 40 幅短圖（不計前兩頁說明，不計後四頁「過洋牽星」圖）。圖中的航線說明文字有些一句話在一幅圖內尚未說完就被分割爲兩截，後半句被放在了下一幅圖裏。使人覺得有時一句話掉了半句，一句話又缺了開頭。更爲複雜的是，因《鄭和航海圖》內的文字說明還有許多是講返航回程針路航線的，是從左到右書寫的，所以還有一句話上半截在下一幅短圖裏，下半截卻在上一幅短圖裏的情況。歷來的研究者閱讀者似乎未發現這個問題，所以中華書局 1961 年出版的向達先生整理本只在圖下用鉛字排印了圖中文字說明，並用箭頭標明了行文方向。但他未注明此句話未完，轉下（上）圖；此句話前半截見前（後）圖，等等；也未在「整理序言」中提及。筆者在點校時對如何處理頗感躊躇。倘要把一句話寫完，就錯開了圖幅編碼。且一幅短圖中有幾行字時，有時也不好判斷哪行在前哪行在後。當圖和話斷開後，要在一幅短圖內把一句話寫完，也打亂了同一幅短圖裏多句話多行字的順序。思前想後，只好「兩害相較權其輕」，對被斷開的語句做注釋處理：即一句話倘被斷成兩截分在兩幅圖裏，就只在一幅圖的前半句後適當注明，如「轉下圖，幾」；又在另一幅圖的後半句前適當提示，如「接上圖，幾」。這個處理方法利弊得失如何，也請行家指教評判。

二、《鄭和航海圖》航線說明輯錄

圖 5/27 頁（中華書局 1961 年版，2000 年版）：→（接下圖，3.）寶山，用辛酉針，三更，船過吳淞江到太倉港口繫船。（箭頭表示圖上的行文方向）

圖 6/28 頁：←平招寶用乙辰針，三更，船出洪，打水丈六（未完，轉下圖，1.）／←太倉港口開船，用丹乙針，一更。船平吳淞江，用乙卯針，一更，船到南匯嘴。（／表示下面爲另一行字）茶山。／（接下圖，

2.)→山用癸丑針，三更；船取七山，用乾亥針，四更；船見茶山用
辛酉針，三更；船取南匯嘴收洪，平（轉上圖，3.）。

圖 7/29 頁：←（接上圖，1.）七，正路見。午針三更，船取霍山，用丹
午針。入西後門用巽巳針（向達鉛字爲巳，按原刻字和內容應爲巳），
三更。船取大磨山用（未完，轉下圖，1.）／←往（向達鉛字爲在，
按原刻字和內容似應爲往）東北邊過，用巽巳針，四更。船見大小七
山，打水六七托，用坤申及丁未針，三更。船取灘山用丹（疑後脫字）。
／→船取升羅嶼，廟州門內過，轉崎頭用辛戌針，一更。船取大唐山
用乾亥針，二更。／→船出西後門用丹子針；取霍山用丹子及子癸針，
三更。船取灘（未完，轉上圖，2.）

圖 8/30 頁：←船取孝順洋，一路打水九托，平九山，對九山，西南邊有
一沉礁，打浪。／（前接上圖，1.）←乙辰針，一更；船取小磨山，
轉崎頭、升羅嶼用丁未針，一更；船出雙嶼港用丙午針，一更。／→
用子癸針，三更；船取九山及亂礁洋，用壬子針，二更；船過孝順洋
取雙嶼港，用癸丑針，一更。

圖 9/31 頁：←及大陳、三母、黃礁前。／←丁午針，五更，船平羊琪。
／←出水行船仔細，用辛午針，二更，船平檀頭山。東邊有江片礁，
西邊見大佛頭山。平東西崎。用（「用」疑是衍文）。／→（接下圖，
1.）針，二更，船取羊琪山及大陳、三母山，用子癸針，二更。船取
東西崎山，用子癸針，三更。船取／→檀頭山外過，對開有礁，內外
過船。／東北邊有沉礁，打浪。子（仔）細內外過船。（＿表示雖提行
或隔開，但前後是連貫的一句話）

圖 10/32 頁：←用坤未針，二更，船取黃山，打水十七八托，平中界山。
／←見直谷山用丁未針，二更；船平石塘山用丁未針，三更；船平狹
山外過，用坤（未完，轉下圖，2.）／→（接下圖，1.）及黃山，用癸
丑針，三更。船取狹山外過，用癸丑針，三更；船平直谷山，用癸丑
（未完，轉上圖，1.）

圖 11/33 頁：←東洛山門內過，用庚申及坤申針，一更。船平鳳凰山過南
巳山，打（未完，轉下圖，1.）／←（接上圖，2.）未針，一更；船取

東洛山用坤未針，一更；船取南巳山外過，船用丹坤及坤未針，三更。
／←（接下圖，3.）用丑艮針，二更。船取東洛山用丑艮針，一更。
船平中界山。

圖 12/34 頁：←（接上圖，1.）水十三托，用坤未針，三更。船取臺山內
過，用坤未針，三更。船取東桑內過，船取坤未（未完，轉下圖，1.）
／←船取臺山，打水二十托，用坤未針，三更。船取東桑西桑山，用
坤未針，二更。船取芙蓉山（未完，轉下圖，2.）／→船平東桑山西
桑山，用丑艮針，二更。船平臺山用丑艮針，三更。船取南巳（未完，
轉上圖，3.）

圖 13/35 頁：←（接上圖，1.）針，二更。船取芙蓉山內過，用丁未針，
一更。船過小西洋山，／←用丁午針，一更。船取北交頭門內過，沿
山取定海（轉下圖,1.）／←（接上圖，2.）外過，平洪山，用坤申針
及丹坤針，二更。船取北交。／→（接下圖，3.）二更。船取龜嶼，
用丑辰針，一更。船取東湧山外過，東湧山用丑艮針，二更。

圖 14/36 頁：←（接上圖，1.）所前過，用丁午針，二更。船取五虎山，
用乙辰針，平官塘，二（據圖應爲三）礁外過，用丙巳針，取（轉下
圖，2.）／→船取東沙山，東沙山用丑艮針，一更。平官塘山用丑艮
針，一更。船取五虎山，用丑艮針，（轉上圖，3.）

圖 15/37 頁：←（接上圖，2.）東沙，東沙用丹巳針，三更，船平牛山。
／→（接下圖，1.）烏邱山用艮寅針，四更。船平牛山，用丑艮針，
五更。

圖 16/38 頁：→（接下圖，1.）更。船平大甘，小甘外過，用丹艮針，四
更。船平大武山，／→大武山用丹艮針，七更。船平烏邱山。

圖 17/39 頁：→（接下圖 1.）尖外過。／→大星尖用丹寅針，十五更。船
平南粵山，外平山外過，用艮寅針，三（轉上圖，1.）

圖 18/40 頁：→獨豬山，丹艮針，五更。船用艮寅針，十更。船平大星（轉
上圖，1.）

圖 19/41 頁：→外羅山內過，癸丑及單癸針，二十一更，船平獨豬山。

圖 20/42 頁：→（接下圖，1.）平洋嶼取笒杯山，笒杯山用壬子針，七更。船取外羅山外過。

圖 21/43 頁：→靈山用壬子及丹壬針，五更。船（轉上圖，1.）

圖 22/44 頁：→崑崙山外過，用癸丑針，十五更。船取赤坎山，用丑艮及丹艮（針）。

圖 25/47 頁：→船取崑崙山外過。

圖 26/48 頁：（接下圖，1.）針，五更。船取白礁。／→白礁過用癸丑及單癸針，五更。船平東竹山外過。東竹山過用子丑及丹癸針。（按，據前單癸針，丹癸針意即單癸針，即正癸方向針路，上下皆同）

圖 27/49 頁：→吉利門，五更。船用乙辰及丹辰針，取長腰嶼出龍牙門，龍牙門用甲卯（轉上圖，1.）

圖 28/50 頁：→（接下圖，1.）針，十更，船平滿刺加。滿刺加開船用辰巽針，五更，船平射箭山，用辰巽針，三更。船平昆宋嶼，用丹巽針。取吉利（門，原圖「門」字脫）。／→（接下圖，2.）針，三更。

圖 29/51 頁：→船平綿花淺，用辰巽（轉上圖，1.）／→（接下圖，1.）巽針，十五更，船取雞骨嶼。／→取雞骨嶼用丹辰及辰乙針，三更。船平綿花淺，用乙辰及丹辰（轉上圖，2.）／→（接下圖，2.）五更，船取單嶼。

圖 30/52 頁：→（接下圖，1.）頭有淺，用辰巽針，五更。船取甘杯港，用辰巽針，十五更。船平亞路，用乙辰針（轉上圖，2.）／→再用辰巽針，四更。船取雙嶼，用丹辰及辰（轉上圖，1.）

圖 31/53 頁：→蘇門答刺開船，用丑艮及乙辰針，五更。船平急水灣、巴碌（轉上圖，1.）／←蘇門答刺開船，用乾戌針，十二更。船平（轉下圖，1.）

圖 32/54 頁：←（接上圖,1.）龍涎嶼。／←龍涎嶼開船時月，用辛戌針，十（轉下圖，1.）／←龍延（應為涎）嶼開船過洋，用丹辛針（轉下圖,2.）

圖 33/55 頁：←（接上圖，1.）更。船見翠蘭嶼用丹辛針，三十更；船用辛酉針，五十更。船見錫蘭（轉下圖，1.）／←（接上圖，2.）四十更；船又用辛酉針，五十更，船見錫蘭山。

圖 34/56 頁：←（接上圖，1.）山。／↓華蓋五指，二角。（這句爲圖上標注，向達未出鉛字）

圖 35/57 頁：↑用甲卯針，二十九更，收甘巴里。／↑用丹甲針，四十五更，船收小葛蘭。／←用辛戌針，五十更，收起來。／←用丹戌針，五十五更，收加平年。／↓用庚酉針，四十五更，收官嶼。／←用辛酉（針？），四十五更，收任不知。／←千佛堂用丹庚針。／←官嶼溜用庚酉針，一百五十更，船收木骨都（束？）。／←在華蓋星五指內，去到北辰星四指，坐斗上山勢，坐癸丑針六十五更，船收葛兒得風、哈甫兒雨。／（以下爲圖上標注，向達未出鉛字。行文從上到下）↓北辰指角／↓華蓋七指，二角。／↓華蓋六指，一角。／↓華蓋七指／↓華蓋七指／↓華蓋八指

圖 36/58 頁：←收柯枝。／←寅針，二十五更。／←寅針，五十更。／←船收古里國。／↑用乙卯針，二十五／↑更，收柯枝國。／↑用甲卯針，二十八更，船收古里國。／→收古里國，／→用丹乙針，二十八更。／→用卯針，十五更，收古里國。／→用卯針，十六更，收加加溜。／（以下爲標注，向達未出鉛字。行文從上到下）↓四指，一角。／↓四指，二角。／↓北辰一指／↓北辰四指／↓北辰三指，一角。／↓一角，三指。／↓□角四指（原圖脱一字）。

圖 37/59 頁：←用辛酉針，八十七更，船收加剌哈。／←用丹戌針，一百（零）二更，船收加剌哈。／←用辛戌針，一百更，船收加剌哈。／←用丹戌針，八十五更；又用辛戌針，四十更，船收加剌哈。／在三指，觜頭山勢去，到六指二角，直達那裡寅上。又在六指二角，內山。／（以下爲標注，未曾出鉛字。行文從上到下）↓五指／↓六指／↓六指／↓八指／↓九指／↓十指／↓北辰五指（「五」看不清，估計是）／↓北辰六指／↓北辰七指

圖 38/60 頁：←觜頭也有十指，在十指山勢去，到十二指，吳實記落，不

到丹戌。／←九指二角，丹辛針，一百六十六更，船收裏馬新富。／←指坐布司上，用丹艮（針？）十指去，到十一指坐取船。／（以下為標注，未曾出鉛字，上半圖）↓十一指／↓十二指／↓十三指／（下半圖）↓北辰八指／↓北辰九指／↓北辰九指，二角。

圖 39/61 頁：←子針，五十更，船收忽魯謨斯。／←觜頭去，到十二指坐乾亥，小斗落，又在十二指；觜頭去，到十二指二角，坐乾丹布司落，又（轉下圖，1.）

圖 40/62 頁：↓（接上圖，1.）去，到十二指，觜頭去；十三指二角，坐正北。

三、過洋牽星圖說明文字輯錄

過洋牽星圖一（行文皆從上到下，排列皆從右到左。以下皆同）

□指，過洋看北辰星，十一指；燈籠骨星，四指半；看東邊織女星，七指為母；看西南布司星，九指；看西北布司星，十一指；（從）丁得把昔開到忽魯謨斯，看北辰星，十四指。／東邊織女星，七指平水；／南門雙星，六指平水；／（從）丁得把昔過洋，牽北辰星，七指平水；／（從）丁得把西（「西」應為昔）過洋，燈籠骨星，八指半平水；／到沙姑馬山，燈籠骨星，四指半平水；／到沙馬姑山（據前應為沙姑馬山）看北辰星，十四指平水；／西北布司星，十一指平水；／西南布司星，九指平水。

過洋牽星圖二

錫蘭山回蘇門答剌過洋牽星圖

時月正回南巫里洋，牽華蓋星，八指；北辰星，一指；燈籠骨星，十四指半；南門雙星，十五指；西北布司星，四指為母，東北織女星，十一指平兒（「兒」字看不清，估計是）山。／東北織女星，十一指平水；／南門雙星平十五指，平水。／華蓋星，八指。／燈籠骨星，正十四指半，平水。／北辰星□（此字看不清）指平水。／西北布司星，四指平水。／西南布司星，四指平水。

過洋牽星圖三

龍涎嶼往錫蘭過洋牽星圖

看東西南北高低遠近四面，星收錫蘭山時月，往忽魯、別羅裏，開洋牽北斗雙星，三指。看西南邊水準星，五指一角。正路看東南邊燈籠骨星下雙星，平七指。正路看西邊七星，五指半平。／北斗頭雙星平，三指一角，平水。／燈籠星七指，平水。／北辰星第一小星平，三指一角，平水。／西南水準星，五指一角，平水。／西邊七星，五指半平水。

過洋牽星圖四

忽魯謨斯回古里國過洋牽星圖

（從）忽魯謨斯回來，沙姑馬開洋，看北辰星，十一指；看東邊織女星，七指爲母；看西南布司星（「布司」兩字看不清，估計是），八指；平丁得把昔，看北辰星，七指；看東邊織女星，十一指爲母（原文豎排爲「士」，估計是十一）；看西北布司星，八指。／沙姑馬山開洋，看北辰星十一指，平水。／東邊織女星，七指平水。／（從）丁得把昔過洋，看北辰星，七指平水。／骨里八指半，平水。／北辰星十一指，平水。／西北布司星，八指平水。／西南布司星，九指平水。

主要參考文獻

1. 向達整理，《鄭和航海圖》〔M〕，北京：中華書局，1961。
2. 向達校注，《西洋番國志》、《鄭和航海圖》、《兩種海道針經》〔M〕，北京：中華書局，2000。
3. 〔明〕茅元儀，《武備志》〔M〕，第廿二冊，臺北：宗青·華世出版社，1996。
4. 〔法〕伯希和著、馮承鈞譯，《鄭和下西洋考》、《交廣印度兩道考》〔M〕，北京：中華書局，2003。
5. 山東大學歷史系，《鄭和下西洋》〔M〕，北京：人民交通出版社，1985。
6. 孫光圻主編，《中國航海史綱》〔M〕，大連：大連海運學院出版社，1991。
7. 章巽主編，鄭一均、范湧副主編，《中國航海科技史》〔M〕，北京：海洋出版社。1991。

（原載《紀念鄭和下西洋 600 週年國際學術論壇論文集》，社會科學文獻出版社 2005 年版）

The Compilation of Shipping Route's Captions from the Nautical Chart Reflected Zheng He's Voyage and Handling of them

Abstract

There are some caption writings concerning shipping route and guiding techniques in the Nautical Chart Reflected Zheng He's Voyage. They are very rich in scholastic value. But some of them have become illegible in the thread-bound book of block-printed edition. Although one present photo-offset copy stereotyped those caption writings with type specially, yet still didn't make pause to and punctuate them. Especially anyone isn't aware and doesn't gave clear indication that many sentences are broken into two halves and separated into two pictures. What mentioned above make them be read difficultly. So I collect, compile and put together those caption writings, make pause to and punctuate them, write and print them horizontally with the simplified character, and collate and emend them a little. Besides, I give clear indication to those sentences separated into two pictures where the first half turns to and the later half connect to. In addition, I first compile the captions of observing stars from The Chart of Sailing across Ocean and Observing Stars which have never be printed in stereotype. And I first make pause to and punctuate them, printing them in stereotype.

Key words: Nautical Chart Reflected Zheng He's Voyage, Shipping route's captions, Sentences are broken into two halves, Ancient books' collation and emendation.

問題討論篇

論火藥和指南針在下西洋中的應用

提　要

　　火藥和指南針發明後，國人既用於爆竹神鬼，堪輿風水，也用於兵器戰爭，航海指向。在下西洋的壯舉中，火器已是遠洋海船的主要武器裝備之一，指南針已是最主要的導航指向儀器。那種認爲在中國古代火藥長期只主要用於煙花爆竹，指南針到下西洋時仍只是輔助導航儀器的觀點，是不符合歷史實際的。

　　關鍵詞：誤讀的歷史；火藥與軍用；指南針與導航；下西洋

一、歷史誤區的由來和訛傳

　　火藥和指南針是中國古代的四大發明之二。火藥和指南針發明後，國人既用於爆竹神鬼，堪輿風水，也用於兵器戰爭，航海指向。但長期以來，史學界文學界新聞界都一直存在著一種誤區，即認為和批評古代中國人只把它們用於煙花爆竹，堪輿風水。考察起來，這個看法和微詞還首先來自西方。18 世紀法國著名啟蒙思想家伏爾泰就說：「……他們致力於化學，發明了火藥；不過他們只拿火藥來製造煙火，用於節日。在這方面，他們勝過其他民族。……中國人沒有致力於發明這些毀滅性的工具（武器——引者按，指火炮）」〔註1〕。伏爾泰又說：「他們有指南針，但並未真正用於指引船舶航行。他們只是在近海航行。他們的土地能提供一切，用不著像我們這樣奔赴天涯海角。羅盤，就像發射（彈丸——引者）用的火藥一樣，對他們來說，只是純粹的玩物。他們也不因此感到可惜」〔註2〕。不過伏爾泰並不是漢學家，也沒訪問過中國。他關於中國的知識是從明末清初來華的西方傳教士傳回去的一些信息中間接瞭解到的。

　　伏爾泰的看法和惋惜於（中國）近代傳入後，在中國知識界引起共鳴。魯迅先生就批評過中國人長期把自己發明的火藥（只）用於煙花爆竹、驅神送鬼；把指南針（只）用於看風水。他說：「火藥除了做鞭爆（炮），羅盤除了看風水，還有什麼用處呢？」〔註3〕魯迅還進一步做中西比較以剖析國民性：「外國用火藥製造子彈禦敵，中國卻用它做爆竹敬神；外國用羅盤針航海，中國卻用它看風水；外國用鴉片醫病，中國卻拿來當飯吃」〔註4〕。作為文學家、思想家、革命家的魯迅先生在 20 世紀二三十年代那樣說自然體現了他的睿智、深邃、大氣，在當時也起到了思想啟蒙、振聾發聵的進步作用。

　　伏爾泰和魯迅這兩位哲人的看法一直影響到當代。1976 年粉碎「四人幫」結束「文革」後，重新吹響了向四個現代化進軍的號角，極大地激發了人們建設祖國的熱情。當時（1977～1979）的文藝舞臺上還盛行詩朗誦這種節目。

〔註1〕　〔法〕伏爾泰：《風俗論》，梁守鏘譯，北京，商務印書館 1995 年版，上冊第214 頁。

〔註2〕　〔法〕伏爾泰：《風俗論》，上冊第 215 頁。

〔註3〕　魯迅：《恨恨而死》，載《新編魯迅雜文集》，哈爾濱，黑龍江人民出版社 1995年版，上冊第 50 頁。

〔註4〕　魯迅：《電的利弊》，載《新編魯迅雜文集》，中冊第 517 頁。

記得我在黑白電視上就看過聽過表演者朗誦的這樣的詩句：「中國發明的指南針，卻引來了西方的海盜！／中國發明的火藥，反造就了西方的堅船利炮！／轟開了自己的國門，陷入了半殖民地半封建的泥淖！」直到 20 世紀 90 年代中期，有學者在鄭和航海研究中仍說：「中國古代有著多方面的科技成就，……但在本國並未充分發揮作用。……如中國的火藥在國內很長時期主要用於煙花爆竹，驅神送鬼，但在西歐則成為資產階級打垮封建政權的有力武器。又如中國的指南針在中國更多用於看風水，雖然在航海中應用，但中國航海主要是近海航行。……指南針只是地文導航的一種補充。……而在歐洲羅盤（則）要引導海船橫渡大洋，……進行血腥的資本原始積纍」〔註5〕。由此可見，人們的認識誤區有多深，思維習慣有多根深蒂固。

因此之故，筆者欲乘隆重紀念鄭和首下西洋 600 週年（1405～2005）、弘揚鄭和精神之東風，簡略論述火藥和指南針在下西洋中的應用問題。繩愆糾紕，廓清迷霧，還歷史以本來面目。

二、火藥火器的配備和軍用

多年來的研究和考古發現表明，中國發明的火藥、火器、火炮等從南宋、蒙元起已大量地廣泛地用於軍事和戰爭。在宋金交戰中，在蒙金交戰中，在蒙宋交戰中，雙方都大量使用了火藥、火器。在蒙古西征中，蒙軍也大量使用了火藥、火器。正是在西征過程中，蒙古人把從中原漢人那裡學得的火藥、火器、火炮等技術傳到外國，傳遍西方。元明兩代，火藥、火器、火炮等的軍事應用在中國繼續發展，技術也得到改進。以明初為例，洪武十三年（1380年）規定的明軍（陸軍）的裝備、配備為：「凡軍一百戶，銃十，刀牌二十，弓箭三十，槍四十」〔註6〕。洪武二十六年（1393 年）規定，（陸軍的）人員編制為：「每一百戶，銃手一十名，刀牌手二十名，弓箭手三十名，槍手四十名」〔註7〕。這裡的「銃」便 是火銃、鳥銃之類的舊式火器、現代槍炮的前身。它利用火藥燃燒、炸藥爆炸產生的燃氣能量，發射金屬彈丸殺傷敵人。

〔註5〕 宋正海：《科學歷史在這裡沉思──鄭和航海與近代世界》，載《科學學研究》
1995 年第 3 期，第 12 頁。
〔註6〕 《明太祖實錄》卷一二九，洪武十三年，臺北，臺灣中央研究院 1970 年代影
印本，第 3 冊第 2055 頁。
〔註7〕 《大明會典》卷一九二《工部·軍器軍裝》，臺北，臺灣新文豐出版公司 1976
年影印本，第 5 冊第 2605 頁。

其口徑一般爲十幾至二十幾毫米，長 30～50 釐米，重幾至 10 公斤。而且，每一百人的「連隊」就配備有十把火銃，有十名銃手。可見火銃已非零星、偶爾使用，而是比較常見常用了。下西洋的永樂年間（1403～1424），明朝陸軍就有了主要裝備火炮火槍的「神機營」。「永樂……遂立神機營。……操演神銃神炮等項火器」〔註8〕。

　　至於海軍水師艦船上配備的火器，據洪武二十年（1393年）的規定爲：每艘海運船上配備有手銃 16 支，碗口銃 4 門，火槍 20 條，火攻箭 20 支，火叉 20 把，火蒺藜炮 10 個，銃馬 1000 個，神機箭 20 支〔註9〕。其中，各種銃都屬於槍炮類火器，火槍、火箭、火蒺藜等屬於燃燒性火器。明中葉羅懋登於 1597 年寫成的《三保太監西洋記通俗演義》（簡稱《西洋記》）詳細記載有鄭和船隊裝備的兵器。其中不乏屬於槍炮類、爆炸類熱兵器：「每戰船器械，大發貢十門，大佛狼機四十座，碗口銃五十個，噴筒六百個，鳥嘴銃一百把，……粗火藥四千斤，鳥銃火藥一千斤，駑藥十瓶，大小鉛彈三千斤，火箭五千支，火磚五千塊，火炮三百個，……火繩六千根，鐵蒺藜五千個」〔註10〕。這裡，羅懋登有所誇大和提前，即把戚繼光於 1560 年寫的《紀效新書》中所載「福船」上的武器裝備搬到了鄭和寶船上，把數量增大若干倍，把後來才出現的火器提前〔註11〕。但鄭和船隊已配備了較多的各種各樣的槍炮類、爆炸類熱兵器則是不爭的事實。它們也有助於下西洋水師官兵在海外的三次自衛性戰役中大獲全勝〔註12〕。而戚繼光和羅懋登所著之書也從一個側面顯示，到明中葉時，軍用火器又有進一步的發展、提高、普及和應用。

　　關於鄭和船隊配備和使用熱兵器的問題，我們在仔細研讀了記載下西洋

〔註8〕　〔明〕王圻：《續文獻通考》卷六四《兵考·校閱考》，臺北，文海出版有限公司 1979 年影印本，第 17 冊第 10015 頁。

〔註9〕　〔清〕乾隆敕撰：《續文獻通考》卷一三四《兵考·軍器考》，上海，商務印書館 1936 年版，第 2 冊第 3995 頁。

〔註10〕　〔明〕羅懋登：《三寶太監西洋記通俗演義》第十八回，上海古籍出版社 1985 年版，第 238～239 頁。

〔註11〕　〔明〕戚繼光：《紀效新書》卷一八《水兵·福船應備器械數目》，載《諸子集成續編》，成都，四川人民出版社 1998 年版，第 12 冊第 161～162 頁。

〔註12〕　鄭和舟師第一次動武是永樂五年在舊港國（印尼巴領旁）剿滅陳祖義海盜；第二次是永樂十年在錫蘭山國（斯里蘭卡）自衛反擊打敗錫蘭王亞烈苦奈爾；第三次是永樂十三年在印尼蘇門答剌（臘）國介入其國的王位之爭，擊敗擒獲蘇幹剌一派。

的原始文獻後，發現它們直接間接提到了熱兵器。例證一，明成祖永樂十九年下達的關於下西洋的一通詔書曾講：「敕：內官鄭和、孔和卜花、唐觀保。今遣內官洪保等送各番國使臣回還。……該用軍器等項，並隨船合用油麻等物，令各該庫分衙門逐一如原料數目關之」〔註13〕。當然，這通敕書只提到軍器，還無法判斷其中是否有熱兵器－火器。不過，宣宗宣德五年頒發的下西洋的詔書便講明了軍器（兵器）中有熱兵器－火器：「敕：……今命太監鄭和等往西洋忽魯謀斯（今伊朗霍爾木茲）公幹，……及隨船合用軍火器、紙劄、油燭、柴炭，並內官內使年例酒、油、燭等物，敕至，爾等即照數放支與太監鄭和、王景弘……洪保等」〔註14〕。這喻示著宣宗時火器－熱兵器的配備和使用在明軍中（包括步騎水師）已有所發展和普及，所以皇帝的有關敕書已有必要把它專門點明。例證二，曾三下西洋的馬歡記述了他們在占城國（今越南中部）看到的嫁女娶媳婦的喜慶情況：「男家則打銅鼓銅鑼，吹椰殼筒，及打竹筒鼓。並放火銃，前後短刀團牌圍繞」〔註15〕。鞏珍《西洋番國志·爪哇國》亦有類似的記載。馬歡、鞏珍能夠辨別記下外國人放火銃，說明中國船隊也配備和使用火銃。

我們不僅發現了鄭和船隊配備有熱兵器的原始記載，而且還發現，第一手資料已直接記下了鄭和舟師在戰爭中使用熱兵器。例證三，曾四下西洋的費信記述他們在錫蘭（山）國自衛反擊錫蘭王亞烈苦奈爾時講：「我正使太監鄭和等深機密策，暗設兵器，三令五申，使眾銜枚疾走。夜半之際，信炮一聲，奮勇殺入，生擒其王」〔註16〕。費信對此事的又一說法是：「太監鄭和潛備，先發制之。使眾銜枚疾走。半夜聞炮，則奮擊而入，生擒其王」〔註17〕。這裡的「信炮一聲，奮勇殺入」；「半夜聞炮，則奮擊而入」──雖非用火炮直接殺傷敵人，但也是火炮的一種軍事應用。所以，下西洋船隊配備了並在戰爭中使用了熱兵器－火器。當代西方史學家亦承認，下西洋的寶船隊配備有火炮。火器史專家肯尼斯·蔡司便指出：「關於（下西洋的）舟師的武器裝

〔註13〕　〔明〕鞏珍：《西洋番國志》，向達校注，所附敕書二，北京，中華書局2000
　　　　　年版，前面，第9頁。
〔註14〕　〔明〕鞏珍：《西洋番國志》，所附敕書三，前面，第10頁。
〔註15〕　〔明〕馬歡：《瀛涯勝覽·占城國》，馮承鈞校注，北京，中華書局1955年版，
　　　　　第13頁。
〔註16〕　〔明〕費信：《星槎勝覽·錫蘭山國》，馮承鈞校注，北京，中華書局1954年
　　　　　版，第30頁。
〔註17〕　〔明〕費信：《星槎勝覽·錫蘭山國》，第31頁。

備知道得極少，但中國船舶在這個時代攜帶了青銅炮（bronze cannon）——這已被在山東沿海發現的一艘小型雙桅巡邏船的殘骸，及其（一個）鐵錨（銘文爲 1372 年）和（一門）火炮（銘文爲 1377 年）所證實」〔註18〕。

我們在明初的文獻中還找到在戰爭中用火炮直接殺傷敵人的證據。明初成書的《水滸傳》講，以宋江爲首的梁山泊起義軍受招安後奉命出征，先後攻打遼朝、田虎集團、王慶集團和方臘起義軍。在這些大規模的戰爭中（梁山軍約有十萬人），雙方均用火器直接殺敵。我們試看幾例。在征淮西王慶之役中，一次「宋江又教（叫）銃炮手打擊敵騎，賊兵大潰。……可惜袁朗好個猛將，被火炮打死」〔註19〕。這裡所說均指火炮，而非投石機。又一次「賊兵發喊，急躲避時，早被火炮藥線引著火，傳遞得快，如轟雷般打擊出來。賊兵躲避不迭的，都被火炮擊死。……麋胜被火炮擊死，賊兵（被）擊死大半」〔註20〕。在剿江南方臘之役中，一次，「次日，雙槍將董平焦躁要去復仇，勒馬在關前大罵賊將，不提防關上一火炮打下來，炮風正傷了董平左臂。回到寨裏，就使槍不得，把夾板綁了臂膊」〔註21〕。這裡說的「炮風」便指爆炸的氣浪。後面的例證還不少，爲省篇幅我們不再徵引。《水滸》一般認爲是由施耐菴主寫，羅貫中合寫，他倆均爲元末明初人。《水滸》雖描寫的是北宋末年的故事，但作者在創作中所運用的知識，必然是從北宋到明初的文獻中獲得的，必然包括他們親身經歷的元末明初的社會生活現實中所得的。它雄辯地證明，明初在戰爭中用火器直接殺傷敵人已不罕見。由此我們可以推論，下西洋的水師在自衛反擊作戰中沒用火炮直接殺敵或是出於政治考慮，避免事態擴大；或是想要技術保密，不讓對方知曉（我方有能傷人的火炮；不必亮出看家武器）；或是兼而有之。下西洋停止後的僅十六年，在 1449 年的土木之變京師保衛戰中，蒙古瓦刺軍統帥也先之弟就被於謙統率的明朝守軍發（火）炮打死〔註22〕。

〔註18〕 Kenneth Chase, *Firearms, A Global History to 1700*, Cambridge, Cambridge University Press, 2003, p.50.

〔註19〕 〔元明〕施耐菴（1296？～1370？）、羅貫中（約 1330～約 1400）：《水滸全傳》，第一百七回，《宋江大勝紀山軍，朱武打破六花陣》，上海人民出版社 1975 年版，下冊第 1248 頁。

〔註20〕 〔元明〕施耐菴、羅貫中：《水滸全傳》，第一百八回，《喬道清興霧取城，小旋風藏炮擊賊》，下冊第 1262～1263 頁。

〔註21〕 〔元明〕施耐菴、羅貫中：《水滸全傳》，第一百十五回，《張順活捉方天定，宋江智取寧海軍》，下冊第 1339 頁。

〔註22〕 見張傳璽主編：《中國古代史綱》，北京大學出版社 2004 年版，下冊第 304 頁。

明中葉地理大發現開始後，海道大通，西方耶穌會士東來。明朝又從西方引進、學習、仿製西式槍炮，諸如前面提到的佛朗機、大發貢、鳥嘴銃〔註23〕等。這種情況顯示西方的火器術已趕上超過中國，但差距不大，中國能迅速引進仿製，迎頭趕上。

在明末清初的大戰亂中，相互敵對、交戰的三大方明軍（含南明軍）、農民軍、清軍在作戰中都大量使用了火器。其中，最著名的事件莫過於在明清（後金）寧遠（今遼寧興城）戰役中，清太祖努爾哈赤被明軍守將袁崇煥開炮擊傷而死。而鄭成功收復臺灣、擊敗驅逐荷蘭人的偉績，也從一個側面說明當時中國的軍用火器術還勉強能與西方最先進的國家抗衡。

清統一中國後，過分強調騎射刀矛等十八般武藝，過度拘泥於他們滿族列祖列宗馬背皇帝的「光榮」傳統和祖制，固步自封、驕傲自大、不與時俱進，熱兵器的發展和應用在中國從此才長期停滯不前。致使到鴉片戰爭時，中國的熱兵器已比西方落後一大截。才出現大刀長矛鳥槍土炮對洋槍洋炮的不對稱局面，才有了屢戰屢敗喪師失地的結局。

所以，不加限制地說，「中國的火藥在國內很長時間主要用於煙花爆竹，驅神送鬼」等，是悖離歷史實際，不符合下西洋的真實情況的。

三、指南針在遠洋航行中的應用

前述思想家、文學家、詩人和史學家等所噴有煩言頗有微詞的另一樁公案——指南針在中國（古代）只用於或主要用於看風水，不用於航海或在航海中它只是地文導航的一種補充，故羅盤技術改進得很慢等〔註24〕——此說更與實情悖離。指南針於北宋發明後很快便用於航海。因北宋、南宋、元時中國人的航海主要是近海航行，故指南針主要是也只需要是近海航行地文導航的一種補充、輔助。但到鄭和下西洋進行大規模遠洋航行時，指南針在導航中已居於主導首要地位了。這方面有眾多的當事人寫下的原始材料可證。

曾跟隨鄭和三下西洋的馬歡在談到他們航經溜山國（今馬爾代夫）的情況時寫道：「設遇風、水不便，舟師失針，舵損。船過其溜，（墜）落於溜水，漸無力而沉。大概行船皆宜謹防此也」〔註25〕。關於所論問題這段記述的要

〔註23〕鳥嘴銃係從日本—倭國處學得；而日本又學自西方。
〔註24〕參宋正海：《科學歷史在這裡沉思——鄭和航海與近代世界》，載《科學學研究》1995年第3期，第12頁，等等。
〔註25〕〔明〕馬歡：《瀛涯勝覽·溜山國》，第50～51頁。

點是：舟師如果對指南針的使用觀察判讀出現失誤，就有可能造成航線偏移，船舵損壞，船舶沉沒的嚴重海難。馬歡在介紹阿丹國（也門亞丁）時又說：「自古里國開船投正西兌位，好風行一月可到」〔註26〕。我認為，這裡所說之事，是用了一種人們從未論及的錶盤獨特的導航儀器羅盤進行導航。中國古代常見的通用的羅盤錶盤分為 24 格，其刻度為子（正北，順時針旋轉）、癸、丑、艮、寅、甲、卯（正東）、乙、辰、巽、巳、丙、午（正南）、丁、未、坤、申、庚、酉（正西）、辛、戌、乾、亥、壬。即每刻度為 15 度，每一刻度的名稱用天干（缺己）地支（缺未）加八卦中的四卦卦名乾（代表天）、坤（地）、巽（風）、艮（山）命名。這種羅盤錶盤學者們多有論述，已屬常識，本文就不予畫出了。鄭和時代這種錶盤在航海中的應用已非常普及。而這裡所用的是一種陰陽先生看風水的堪輿羅盤。（其錶盤見後面插圖）。此時又把它用於航海導航。「開船投正西兌位」，便是說開船啟航後按羅盤針指示的正好是西北兌位方向航進。兌位即相當於傳統羅盤的乾格，圓周 360 度的 315 度。馬歡在記述天方國（沙特麥加）時講：「自古里國開船，投西南申位，船行三個月方到」〔註27〕。這裡導航定向所用的便是上面提到的當時通用的航海羅盤錶盤。申位即西偏南，相當於 360 度的 240 度。

曾四下西洋的費信在敘述航經崑崙山（今越南崑崙島）的情況時講：「上怕七洲，下怕崑崙。針迷舵失，人船莫存。」並詩曰：「惟恐針舵失，但念穴巢居」〔註28〕（此書每節都有一首紀行詩）。這段記述在我們所論的問題上是說：如果舵手對指南針的使用觀察判讀出現迷誤，就會引起操舵調向失誤，造成人船皆亡的悲劇。費信在記述溜洋國（今馬爾代夫）時有詩曰：「盤針能指侶，商船慮狂風」〔註29〕。這裡的「侶」我推測通（假）「旅」。意思是說：經過溜洋國海域時，雖然商船憂慮遇到狂風暴雨，但羅盤指（南）針能指明海上旅行的正確航向。

參加過第七次下西洋的鞏珍在其《西洋番國志‧自序》中對當時的航海羅盤如此描述道：「皆斫木為盤，書刻干支之字。浮針於水，指向行舟。經月累旬，晝夜不止」〔註30〕。這裡已講明，用羅盤來指（明航）向行舟已是經

〔註26〕〔明〕馬歡：《瀛涯勝覽‧阿丹國》，第 55 頁。
〔註27〕〔明〕馬歡：《瀛涯勝覽‧天方國》，第 69 頁。
〔註28〕〔明〕費信：《星槎勝覽‧崑崙山》，第 8 頁。
〔註29〕〔明〕費信：《星槎勝覽‧溜洋國》，第 23 頁。
〔註30〕〔明〕鞏珍：《西洋番國志‧自序》，第 5 頁。

月累旬晝夜不停。他又講：「始則預行福建廣浙，選取駕船民艄中有經慣下海者稱爲火長，用作船師。乃以針經圖式付與領執，專一料理。事大責重，豈容怠忽」〔註31〕。這裡所說的針經圖式便是航海用的指南針經航海圖式一類領航導航手冊海圖。

鞏珍在介紹溜山國（今馬爾代夫）的情況時說：「行船者或遇風、水不順，舟師針、舵有失，一落其溜，遂不能出」〔註32〕。這裡是說舟師用指南針導航、操舵有失誤，就可能出事。鞏珍還講清了會出什麼事：「其餘小溜尚有三千餘處，水皆緩散無力，舟至彼處而沉。故行船謹避，不敢近此經過」〔註33〕。鞏珍在敘述阿丹國（今也門亞丁）的情況時，重申了前面馬歡講過的「自古里國開船，投正西兌位行，一月可到」〔註34〕。我們就不重複前面已做過的對此的解釋闡述了。鞏珍在談及天方國時，復述了前面馬歡說過的「自古里國開船望西南申位行，三月始到其國」〔註35〕。

下西洋的人員還集體編寫繪製有《鄭和航海圖》（全稱《自寶船廠開船從龍江關出水直抵外國諸番圖》）。圖中標明他們所經亞非各國的方位、航道遠近、深度，以及般行的方向、牽星高度；一一注明何處有礁石淺灘。圖中列舉自江蘇太倉至忽魯謨斯（廝）（伊朗霍爾木茲）的針路（以指南針標明方向的航線）共 56 線，由忽魯謨斯（廝）回太倉的針路共 53 線。往返針路全不相同。這表明船隊在遠航中已靈活地採用多種針路以適應和利用季風洋流，體現了高超的航海技術和較高的海洋氣象科學水準。讓我們隨機抽樣看兩例。「船平綿花淺，用辰巽針，十更，船平滿剌加。滿剌加開船用辰巽針，五更，船平射箭山……」〔註36〕。意思是：船到綿花淺（後），走東南方辰巽針所指示的航向（圓周的 127.5 度），航行 24 小時／600 華里（一更爲 2.4 小時／60 華里），船到滿剌加。從滿剌加開船仍走辰巽針航向，航行 12 小時／300 華里，船到射箭山。我們再看一例。「平東西崎，用坤未針，二更，船取黃山，打水十七八托，平中界山」〔註37〕。意思是：到東西崎（後），走西南方坤未

〔註31〕〔明〕鞏珍：《西洋番國志·自序》，第 6 頁。
〔註32〕〔明〕鞏珍：《西洋番國志·溜山國》，第 32 頁。
〔註33〕〔明〕鞏珍：《西洋番國志·溜山國》，第 32 頁。
〔註34〕〔明〕鞏珍：《西洋番國志·阿丹國》，第 35 頁。
〔註35〕〔明〕鞏珍：《西洋番國志·天方國》，第 44 頁。
〔註36〕〔明〕集體：《鄭和航海圖》，向達整理，北京，中華書局 1961 年版，第 29 圖／51 頁～第 28 圖／50 頁。
〔註37〕〔明〕集體：《鄭和航海圖》，第 10 圖／32 頁～第 9 圖／31 頁。

針所指示的航向（圓周的 217.5 度），航行 4.8 小時／120 華里，轉向去黃山。測水深約八丈半至九丈（一托約合五市尺），到達中界山。

　　據以上所引下西洋之人寫的「三書一圖」（《瀛涯勝覽》、《星槎勝覽》、《西洋番國志》、《鄭和航海圖》）的記載來看，可知指南針在航海中的應用至遲在下西洋的時代，已經完全不是北宋朱彧《夢溪筆談》所說的「夜則觀星，晝則觀日，陰晦則觀指南針」那種簡陋情況了；已經迥異於北宋徐兢《宣和奉使高麗圖經》所載的「惟視星斗前邁，若晦冥則用指南浮針，以揆南北」那種初期狀態了。到下西洋時代指南針不僅早已發展成水羅盤，而且與能確定航線、量算距離的海圖，能觀測日月星辰、量算緯度、確定船位的星盤、量具、測量術（下西洋時表現為牽星板、牽星術、牽星圖）配合、結合；不僅陰晦、雨霧雪電天用，晴天和晝夜二十四小時都在不停地用；不僅遠洋航行時用，近海航行時也用〔註 38〕。總之，不加限制地說中國古代的指南針雖在航海中應用，但只是地文導航的一種補充（包括鄭和下西洋）——是多麼地不符合事實，是對下西洋展現出的卓越技術成就的大不敬，所以也是不正確的。因為 1840 年以前都屬中國古代，七下西洋的明初更屬正宗的古代。

　　綜上所述可以得出結論：長期以來，中國人既把自己發明的火藥用於煙花爆竹，也用於火器軍事；既把自己發明的指南針用於堪輿風水，也用於航海導航。那種因伏爾泰嘉言、魯迅語錄而引起的認識偏差和歷史誤讀，應當予以糾正和摒棄。

〔註 38〕《鄭和航海圖》從第 5 圖起，均有用什麼針的說明。從第 6 圖至第 12 圖，有打水多深的注明。第 6 圖水深才一丈六尺。第 12 圖所示海區在前 12 圖中最深，為「打水二十托」（十丈）。以後進入深海遠海，故以後 28 圖（共 40 圖）不再有打水多少托的字句。這就證明從一丈多深的甚淺海起到汪洋大海，船隊都在用指南針並結合其他技術手段導航。

On Applications of Powder and Compass in Sailing to Western Oceans

Abstract

The ancient Chinese used powder and compass both in the cracker concerning demons and the geomantic omen and in weapons of wars and guidance in navigation after they were invented soon. The firearms had been one of the main weaponries of the oceangoing ships and the compass had been the mainest guiding and directing instrument in the magnificent feat of sailing to the western oceans. That viewpoint is contrary to the historical fact that the powder was used only main in cracker and firework for long time in ancient China and the compass was still only an auxiliary guiding instrument till Zheng He's Seven Sailing to Western Oceans.

Key words: Misunderstanding history, Powder and military use, Compass and guidance, Sailing to Western Oceans

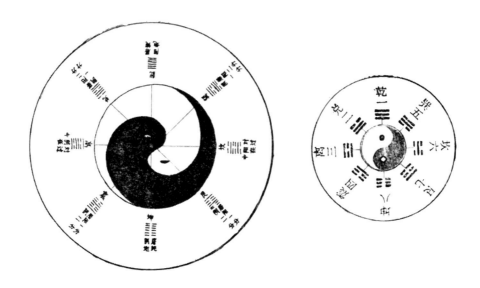

有太級圖和八卦符號文字的古羅盤表盤

也說如果鄭和航海到達歐洲……

提　要

　　如果鄭和遠航到達歐洲，那麼，大航海大發現的歷史，世界歷史的進程，特別是中國歷史的發展，自然會有一些改變。比如，鄭和將取代達‧伽馬成為開闢亞歐新航路的英雄，但取代不了哥倫布、麥哲倫、卡博特等；又如，西歐人可能早來遠東、中國六七十年。但那時他們更不是中國人的對手；明朝向西方學習的時間將延長六七十年，便可能較多地提高自己增強自身，從而避免被落後的滿族征服，使得明中葉以後出現的資本主義萌芽成長壯大，中國發展到自由資本主義；再如，即使近代的民族危機提前到來，中國人民的救亡圖存運動特別是其中的變法維新也會相應提前。那樣，中國也可能像日本通過明治維新走上資本主義強國之路一樣，通過「道光」變法維新走上類似的道路，從而避免淪為半殖民地的命運。

　　關鍵詞：航行到歐洲，美、澳的發現，明朝不亡，資本主義，變法維新，命運改變

　　中圖分類號：K14，K248.105
　　文獻標識碼：A

　　科學史家宋正海先生曾兩次撰文討論如果鄭和航海到達歐洲，歷史將怎樣發展演進這個問題。一文題曰《科學歷史在這裡沉思——鄭和航海與近代世界》〔註1〕，另一文題曰《如果鄭和航海到歐洲……》〔註2〕。後一篇文章實際上只是前一篇論文的縮寫。這兩篇論文文章的主要觀點和基本內涵已由兩文的小標題表達得非常清楚：一、鄭和船隊有充分實力繞過好望角到達西歐；二、鄭和船隊與亨利船隊可能相遇在馬德拉群島；三、鄭和必將（取代達‧伽馬、哥倫布、麥哲倫）成為地理大發現的英雄；四、將加速西歐資本主義崛起和中國等東方國家的殖民地化；五、美洲的發現要晚，但印第安文明仍在劫難逃。筆者對上述第一、第二、第五方面完全贊同，但對第三、第四部分的某些論點和表述卻有不同的看法甚至對立的觀點。值此隆重紀念鄭和首下西洋六百週年之際（1405～2005年），筆者把那些看法設想訴諸筆端，形成文字，庶幾能深化認識、廓清迷霧。

一、鄭和將取代達‧伽馬，但取代不了哥倫布、麥哲倫

　　《沉思》、《如果》第三部分說道，如果鄭和航海到西歐，對美洲的發現和環球航行必然要大大推遲。由於自然規律，哥倫布、麥哲倫便不會再成為著名的地理大發現英雄，有關榮譽將歸屬他倆以後時代的幸運航海家。《如果》的第三個小標題還赫然寫明：「鄭和必將替代達‧伽馬、哥倫布、麥哲倫成為地理大發現的英雄」。這裡，有兩點值得討論、商榷。有關榮譽將歸屬哥倫布、麥哲倫以後時代的幸運航海家不假，但歸屬哪個國家、地區、文明的航海家呢？宋氏兩文避而不談。我認為，發現美洲、環航地球等的有關榮譽仍將歸屬西方的歐洲的航海家、探險家、冒險家。研究考察了鄭和下西洋和歐洲大航海、大發現、大殖民的全部歷史便會得出這個結論。按照宋說，既然鄭和船隊與亨利船隊很可能相遇在馬德拉群島，那麼，這條歐亞新航路（從西歐南下經大西洋沿著非洲、繞過非洲，經印度洋抵達印度，再進一步東向到達東南亞、中國、日本等）便由中葡共同開闢成功，自然也將由中葡共同掌控。但稍後擠進地理大發現行列的西班牙、英國、法國、荷蘭等西歐國家仍渴望直接到東方來，直接在東方（印度、東南亞、中國、日本）獲取香料、黃金、白銀、珠寶、絲綢、瓷器、藥材等一切能賺大錢的東西。而不會滿足於分得

〔註1〕載《科學學研究》1995年第3期，第8～13頁。
〔註2〕載《科學中國人》2001年第8期，第29～31頁。

中葡的一杯羹，當個由中葡運來的東方貨物的二道販子，正如它們一直不甘於當土耳其人、阿拉伯人、意大利人（意大利也屬西歐）掌控的販運東方貨物的二道販子，才熱衷於開闢、探尋到東方的新航路一樣。而且，歐印新航路的開闢或發現成功也部分地證明了當時歐洲已興起的或復活了的大地球形說和海洋優勢論，勢必刺激西歐人西渡大西洋去東方。再說，以當時中國的強盛、力量的強大，中、葡兩國海上力量的相加，必令其他西歐國家十年八載、半世紀一世紀內不敢也不可能單獨或聯合起來打破中葡對這條新航路的掌控或壟斷（況且也無必要）。因此，除葡萄牙以外的那四個西歐國家自然會像 15 世紀末以來所做的那樣，向西探航，尋找開闢通向東方的另一條新航路即大西洋航路。那樣的話，開始發現美洲、開闢大西洋新航路的自然不會是西班牙的哥倫布（船隊），但仍然會是西、英、法、荷的「鄧尼斯」、「菲力普」（船隊）；環航地球的自然不會是西班牙的麥哲倫－埃哲·卡諾（船隊），但仍然會是西、英、法、荷的「赫里爾」－「拉金斯」（船隊）。所以，鄭和、侯顯、王景宏等儘管能成為地理大發現的英雄，能取代開闢和發展歐印新航路的葡萄牙的迪亞士、達·伽馬的歷史地位和航海成就，但取代不了哥倫布、卡博特父子、維斯普奇、卡提耶爾、麥哲倫、法羅士、埃爾·卡諾、巴倫支、哈德遜、塔斯曼等眾多西歐的地理大發現的「英雄」（姑且按宋說稱英雄）的歷史地位和航海成就。

總之，中國是會參與一部分地理大發現，但決不可能獨立完成地理大發現。任何一個國家亦然。

下面我們看看當時的實際情況以便探討推論鄭和航行到西歐後大航海大發現的歷史會不會像我說的那樣發展。

早在歐印新航路開闢成功以前，甚至在預示著開闢歐印新航路很可能成功，寄託了探險家良好希望的好望角被發現被繞過以前，英國人的向西探航便開始了。從 1480 年起，英國西南部海港重鎮漁業中心布里斯托爾的商人們便開始連續派出船隻，去尋找傳說中的神秘的亞特蘭蒂斯（大西洲）、巴西（Brazil）群島和安的列斯群島，並尋找新的漁場。這年，一個叫約翰·介伊的人出資組建了一支探險隊，去尋找據說在愛爾蘭以西很遠的巴西島〔註3〕。這次探險雖然無功而還，但從此開始了幾乎每年一度的持續的航海探險。西

〔註3〕cf. Boies Penrose：Travel and Biscovery in the Renaissance 1420～1620, New York, Atheneum, p.178.

班牙駐倫敦公使 1498 年向國內寫信報告說，「七年以來，布里斯托爾的商人通常每年都派出兩艘、三艘或四艘卡拉維爾船組成的小船隊，根據某個熱那亞人的想像，去尋找巴西島和七城島」〔註4〕。這些情況表明，地理大發現的到來不是偶然的，它不是由某個人、某件事、某個國家所決定的，而不管這個人是達‧伽馬還是鄭和，不管這一事件是葡人航達印度還是華人航達西歐，不管其國是葡國還是中國。

布里斯托爾的商人們在得知哥倫布的發現後加快了探險的步伐。他們出資裝備了一支英國探險隊準備西航，並由移居此地的意大利人約翰‧卡博特擔任探險隊隊長。約在 1484 年，卡博特也獨立形成了向西探航橫渡大西洋到達東方的設想和計劃〔註5〕。具體方案是向西渡過大西洋，經過北美北部海岸到達香料之邦。哥倫布探航初步成功後的 1496 年，卡博特就率一艘船從布城出發去橫渡大西洋。但後來因食品短缺，天氣嚴寒，與船員們發生了分歧爭執而半途返回〔註6〕。卡博特的作為說明，哥倫布的出現也不是偶然的，這不取決於某個人的突發奇想，心血來潮。卡博特的加盟使英國人的航海探險發生了轉變，即從旨在尋找傳說中的神秘陸地的探險為主轉變到旨在開闢去東方的新航路、獲取香料的探險為主。

1497 年春卡博特率一艘船十幾人從布城出發，他們向西航行了約 700里格（Leagues）或約 2000 英里後發現了陸地。他最初以為是到了中國的海岸〔註7〕。實際上是北美洲加拿大紐芬蘭島的北端〔註8〕。卡博特探察了紐芬蘭島東部大西洋海岸的大部分。他們沒有見到人，但發現了有人居住活動的證據，如獵獸的套索，織網的骨針，被砍倒的樹木〔註9〕。卡博特繞過了紐芬蘭島東南凸出很遠的阿瓦朗半島。在半島周圍的海域裏，卡博特等看到了大群的鯡魚和鱈魚，這樣就發現了面積達三十多萬平方公里的紐芬蘭大淺灘（Grand Banks）。8 月他回去後宣佈，英國人可以不再到冰島漁場而可以

〔註4〕 J.E.Gillespie: A History of Geographical Discovery 1400～1800, New York, Henry Holt and Company, 1933, p.77.

〔註5〕 cf. Encyclopedia Britannica, Micropedia, 1974, 15th edition, John Cabot, Vol.2, p.423.

〔註6〕 cf. Encyclopedia Britannica, Micropedia, John Cabot, Vol.2, p.423.

〔註7〕 cf.Eugene M.Wait：Explorers and the New World, New York, Nova Science Publisher, Inc.,2002，P.27.

〔註8〕 см. И. П. Магидович, В. И. Магидович: "Очерки по Истории Географических Открытий", Москва, Просвещение,1983,Том 2 ,С.61.

〔註9〕 cf.E.M.Wait：Explorers and the New World, p.27.

到新發現的漁場捕魚了〔註 10〕。英王亨利七世得到這個喜訊後便把卡博特所稱的「首次見到的陸地」改名爲「紐芬蘭」。這個紐芬蘭不是通常蘊含的「由芬蘭人發現的土地」之義，而是「新發現的土地」（Newfoundland）之義〔註 11〕。

卡博特的首次遠航探險成功極大地鼓舞了英國人。他們認爲自己取得了與西班牙人一樣、比葡萄牙人還搶先一步的巨大成績。因爲卡博特首航發生在哥倫布首航之後，達·伽馬首航之前。於是，英國人很快組織了對西邊的東方、加拿大海岸的第二次遠航探險。

英國 1498 年的第二次遠航探險由約翰·卡博特的兒子塞巴斯蒂安·卡博特指揮，出動了五條船約 200 人。塞巴斯蒂安沿愛爾蘭的位置西向。到紐芬蘭後，小卡博特很快意識到紐芬蘭那一帶不是亞洲東部而是新發現的土地，便有意識地開始尋找去眞正東方的西北通道－航路〔註 12〕。他們沿海岸南下到北緯 38 度，還沒找到海峽、通道等，於是返航〔註 13〕。

在 1498 年歐印新航路開闢成功以前，不僅早已有哥倫布率領的西班牙船隊、卡博特父子率領的英國船隊在美洲進行探險、發現、拓殖，而且從 1493 年哥倫布第二次遠航起，西班牙與加勒比海地區的聯繫就未中斷，向周圍探察的範圍就日漸擴大。再說即使在 1498 年開闢成功歐印航路後，葡萄牙人也並不僅僅滿足於這條航路，並沿這條航路向東方擴張，而且也想西向擴展，到西印度去插一隻腳分一杯羹，甚至還想再開闢一條去東方的西北新航路。爲此，葡萄牙探險家若奧·費爾南德斯在 1499 年得到國王批准後，於 1501 年去了英國，然後與幾個布里斯托爾商人一起獲得英王的批准，去探索卡博特父子發現的那一片新陸地〔註 14〕。費爾南德斯與他的英國夥伴於 1501～1502 年進行了北美東北部探險。他們探察了面積達 140 萬平方公里的拉布拉多大半島的海岸。「拉布拉多」（Labrador）就被他或爲了紀念他而用以命名了這個大半島〔註 15〕。

幾乎與此同時，葡萄牙探險家嘎斯帕爾·利亞爾於 1500 年首次遠航。他受葡王所派，去尋找通向東方的西北航路。他們到達了格陵蘭島南部和紐芬

〔註 10〕 см. И. П. Магидович, В. И. Магидович: "Очерки по Истории Географических Открытий", Том 2 ,С.61.

〔註 11〕 參邵獻圖等：《外國地名語源詞典》，上海辭書出版社 1983 年版，第 216 頁。

〔註 12〕 cf. E. M. Wait：Explorers and the New World, p.28.

〔註 13〕 op. cit., p.28.

〔註 14〕 cf. Boies Penrose: Travel and Discoveries in Renaissance 1400～1600, p.180.

〔註 15〕 cf. Ibid., p.180.

蘭島。後因浮冰阻道返航〔註16〕。

翌年，嘎斯帕爾·利亞爾、科特·利亞爾兩兄弟又進行了第二次遠航探險。他們到了格陵蘭、紐芬蘭、新斯科舍半島和今美國東海岸最北部新英格蘭海岸〔註17〕。之後，科特率兩艘船先返航，並帶回了從紐芬蘭擄回的57名印第安人作為給國王的獻禮〔註18〕。嘎斯帕爾則率一艘船留在北美沿海繼續探航考察。但以後便不知下落永遠失蹤了〔註19〕。

1502年，嘎斯帕爾的另一個兄弟，米古埃爾·利亞爾率船隊出航去尋找兄長，但不幸的悲劇又重演了。他駕乘的船在紐芬蘭附近掉隊失蹤，沒能返回〔註20〕。在這以後幾年，葡萄牙又先後派出了兩支探險船隊去尋找先後失蹤的嘎斯帕爾·利亞爾、米古埃爾·利亞爾兩兄弟，並探察新陸地新通道，但仍無果而還〔註21〕。

葡萄牙人在美洲東北部進行的探險活動表明：葡萄牙人把探險、發現、殖民的範圍從傳統的非洲、印度洋、南美巴西（1500年卡伯拉爾率隊去印度途中發現南美巴西）擴大到北美；去東亞的西北新航路設想對西歐人具有很大的吸引力，即使是對已掌握了去東方的東南新航路的葡萄牙也不例外。

以上所述充分證明，如果鄭和（偶然）航行到了歐洲，他自然會取代達·伽馬，成為地理大發現的眾多英雄之一。但他取代不了（開始）發現美洲的哥倫布、環球航行的麥哲倫、發現澳洲的塔斯曼等。個中原因宋先生自己也做過論述分析〔註22〕。哥倫布、麥哲倫也許會變成「鄧尼斯」、「菲力普」，但他們仍必然出自西歐國家。

二、16世紀的西方還不是中國的對手，工業革命完成後東西方差距才拉大

宋先生認為：「西方冒險家的（提前）到來，將使當時倭寇侵擾中國沿海

〔註16〕cf.J.E.Gillespie：A History of Geographical Discovery, p.79.

〔註17〕cf.Boies Penrose：Travel and Discoveries in Renaissance 1400～1620, p.180.

〔註18〕參麗·斯蒂福：《達·伽馬和其他葡萄牙探險家》，呂先士等譯，世界知識出版社1998年版，第130頁。

〔註19〕cf.J.E.Gillespie：A History of Geographical Discovery, p.79.

〔註20〕cf.B.Penrose：Travel and Discoveries in Renaissance, p.180.

〔註21〕cf.J.E.Gillespie：A History of Geographycal Discovery, p.29.

〔註22〕參宋正海、陳傳康：《鄭和航海為什麼沒有導致中國人去完成「地理大發現」？》，載《自然辯證法通訊》1983年第1期。

地區雪上加霜，倭寇和紅毛寇共同為患，老百姓不堪忍受……，但落後的封建主義中國是不可能打敗新興的資本主義西歐海盜的。在船堅炮利的西歐軍艦攻擊下，中國海防仍將全線崩潰，割地賠款不可避免。……可以估計，中國等東方國家將提早十幾年或幾十年淪為西方資本主義國家的殖民地、半殖民地」〔註23〕。

這段話問題既多又大，既有史實方面的又有理論層面的，既有微觀敘述的又有宏觀概括的，既有客觀邏輯性的又有主觀推理性的。我們下面將一一辨析。

歷史上，最早從事大航海大探險大發現大殖民大掠奪的西歐國家是葡、西兩國，地理發現的成就最大、佔據的地盤最廣、擄獲分贓最多的也是葡、西兩國，最早來到中國沿海靠上中國海岸的仍是葡、西兩國（1580～1640 年西葡曾合為一國）。我們就看看他們初來中國時的情況。

據中國史籍，葡人 16 世紀伊始便來到中國海岸：「屯門澳口為（廣東）東莞瀕海關隘。……正德改元（1506 年），忽有不隸貢數號為佛郎機者，與諸狡滑湊雜屯門葵浦等處海澳，設立營寨，大造火銃為攻戰具」〔註24〕。據西方史籍，1514 年，葡萄牙馬六甲新總督阿爾布奎克（J.D.Albuquerque）派遣一艘船駛達廣州。16 世紀的葡萄牙史家巴羅斯（Barros）在他的《在亞洲的第三個十年》一書中寫道，葡萄牙的阿爾瓦雷斯（J.Alvares）於 1514 年率一條船來到中國廣東屯門島〔註25〕。他還在島上豎起了一根葡人慣用的用以紀念其「發現」的石柱（Padrão）〔註26〕。最早提及此次造訪的西方人是意大利人科薩利（A.Corsali）。他在 1515 年 1 月 6 日致佛羅倫斯美第奇公爵（G. D. Medici）

〔註23〕宋正海：《科學的歷史在這裡沉思——鄭和航海與近代世界》，《科學學研究》1995 年第 3 期，第 13 頁；《如果鄭和航海到歐洲……》，《科學中國人》2001 年第 8 期，第 31 頁。

〔註24〕清陳伯陶等重修：《東莞縣志》卷 31《前事略三》明，廣東東莞養和印務局光緒年印。

〔註25〕屯門英 Tamang，葡 Tamão，一說即珠江口外伶仃洋內的伶仃島。參嚴中平《老殖民主義史話選》，北京出版社 1984 年版，第 501 頁；又一說在今廣州寶安縣南頭附近。參蕭致治、楊衛東編：《西風拂夕陽，鴉片戰爭前中西關係》，湖北人民出版社 2005 年版，第 3 頁；據《中國歷史地圖集》第七冊《元明時期》第 72～73 圖「廣東」，屯門在伶仃洋和今深圳灣之間，相當於今天蛇口區。

〔註26〕見張天澤著：《中葡早期通商史》，姚楠等譯，中華書局香港分局 1988 年版，第 38 頁。

的信中提到：「……去年，我們有一些葡萄牙人乘船往中國。中國人不允許他們登陸。因爲中國人說，讓外國人進入其地有違祖制。不過，這些葡萄牙人還是賣掉了自己的貨物，獲得厚利。……從馬六甲前往中國的航程是向北航行五百里格」〔註27〕。次年（1515年），意裔葡萄牙籍人佩雷斯特雷洛（R. Perestrello）帶了幾個葡人和貨物，乘坐馬六甲商人的帆船，來到中國海岸，賺到20倍的利潤。後於1516年8～9月回到馬六甲〔註28〕。巴羅斯在他的史書中說，佩雷斯特雷洛的中國之旅也是奉葡萄牙馬六甲總督阿爾布奎克的命令而行事的〔註29〕，但卻沒有講他們抵達停靠中國海岸何地。我估計仍是廣東珠江三角洲沿海。

　　來到中國海岸的第二個西方國家－民族之人便是西班牙人。不過當時他們的航行路線是──→大西洋──→麥哲倫海峽──→太平洋──→菲律賓──→中國。1574年（萬曆二年）被明朝福建總兵胡守仁擊敗的海上武裝勢力林鳳（林道乾）集團，共幾十艘船幾千人馬進軍菲律賓呂宋島，與侵佔這裡的西班牙人激戰，但先勝後敗。這時，明朝福建把總王望高奉命率船來到呂宋，偵探林鳳下落。西班牙菲律賓殖民當局官員乘機和王望高會見，並派遣兩名教士拉達（Martin de Rada）和馬丁（Geromino Martin）爲使，帶上幾個西班牙人，於1575年（萬曆三年）隨王船來華，並冒用呂宋名義，謀求通商。明朝中央認爲，「至於呂宋雖非貢國，而能慕義來王，所獻方物，應爲代進」〔註30〕。拉達等於1575年7月到達福建，據西人記載，他們先後到過廈門、同安、漳州、福州，拜見了福建巡撫劉堯誨，送了許多禮品。儘管西班牙人沿途都受到友好接待，但也沒有獲得通商留住等權益。西班牙人的首次中國之行只買到了一些中國書籍（拉達通曉漢語）。後只得於1575年9月離去〔註31〕。1579年，西班牙阿爾豐索（Pedro de Alfonso）神父和一群西班牙士兵水手背著西班牙菲律賓殖民當局，私自駕一條船來到中國海岸。阿爾豐索和另外兩個神父謊稱遭風沉船，登上了廣東海岸。西船和船員在中國沿海逗留了一段時間便

〔註27〕 轉引自英 H.裕爾著，法 H. 考迪埃修訂：《東域紀程錄叢》，張緒山譯，雲南人民出版社2002年版，第148頁。

〔註28〕 見張天澤：《中葡早期通商史》，第41頁。

〔註29〕 轉引自，同上，第50頁。

〔註30〕 《明神宗實錄》萬曆四年正月乙未條，臺灣中研院史語所影印本，第52冊第1050頁。

〔註31〕 cf.C.R.Boxer tr.& ed：South China in the Sixteenth Century：being the narratives of someones（1550～1575）,Bangkok, Orchid Press, 2004, p.254.

返回。神父們在廣州住了七個月，沒有撈到什麼。最後還是退到澳門去布道傳教。後來阿爾豐索返回馬尼拉，另兩個神父則留在澳門〔註32〕。

　　1598年9月（萬曆二十六年八月），西班牙菲律賓總督派遣薩摩第（Juan de Zamudio）率船前來廣東，要求通商。他們先到澳門，請求「開貢」。督撫司道指責他們「越境違例」，令其離開。薩摩第移泊虎跳門，聲「言候丈量」。11月，又在「虎跳門徑結屋，群居不去」。廣東海道副使章邦翰「飭兵嚴論，焚其聚落」〔註33〕。這批來華的西班牙人既是商人也是軍人、海盜，他們駕乘的船既是商船貨船也是戰船軍艦。但在當時仍屬強大的中國－明朝、官軍水師的武力強制下，仍不敢貿然冒險對抗動武開戰，而被迫於第二年10月悻悻離開中國打道回府。

　　前引宋文說：「但落後的封建主義的中國是不可能打敗新興的資本主義西歐海盜的」。這裡的問題是，第一，當時葡、西兩國並不是資本主義國家，國內也沒有資本主義（生產關係的）萌芽。如果因鄭和航海到歐洲（設第七次下西洋1433年時到達），它們的東來提早了六十多年（1498－1433＝65）。即倘若當15世紀中葉葡西兩國之人來華時，它們便更不是什麼資本主義海盜，而是封建主義海盜。如果要說它們是資本主義海盜，是資本主義國家，國內有資本主義因素和萌芽，就得拿出證據來，就得予以論證，而不能憑空下結論〔註34〕。實際上，葡、西當時（15～16世紀）均是封建君主專制的封建國家。一旦它們頭上的資本主義帽子揭去，請問中國當時還在哪些方面落後呢，政治社會制度、經濟發展、文化學術、科學技術、軍事實力？宋先生所說的落後在剔除了政治社會制度後便只可能落腳到科學技術和軍事實力了。因為他緊接著說，「在船堅炮利的西歐軍艦攻擊下，中國海防仍將全線崩潰，割地賠款，不可避免」。我認為，在階級社會裏，新的科學技術首先要應用到軍事領域，軍事科學技術最能體現一個國家民族的科技水準。軍事上，最先與中國交手過招的西歐（方）海盜是葡萄牙人。下面我們就看看中西最初交手的

〔註32〕cf.E.H.Blair & J.A.Robertson tr.& ed：The Philippine Islands 1493～1898, Cleveland, The Arthur H. Clark Co., 1903, Vol.6, p.127.

〔註33〕清雍正郝玉麟等：《廣東通志》卷58《外番志》，臺灣商務印書館影印文淵閣版《四庫全書》，第564冊第671頁。

〔註34〕退一步說，即使國內有點資本主義萌芽，也不一定便是資產階級國家，資本主義海盜。明中葉以降中國也有了資本主義萌芽，但被鄭和剿滅的陳祖義海盜集團，被明朝打跑的林鳳海盜集團，明末的鄭芝龍海盜集團，也沒有誰說他們是資本主義海盜。

情況是不是如他所說的那樣。

　　1517 年，有葡萄牙人的武裝船隊來到進泊廣東廣州的屯門島。1519 年，又有西蒙・安德拉德（Simao de Andrade）武裝船隊前來接替輪換。西蒙到來後，即放肆進行各種海盜活動。激起中國居民的民憤，也引起明朝當局的警覺和戒備。1521 年四五月間，廣東和廣州當局奉明朝中央命令，禁絕對外貿易，驅逐外商出境，要求葡殖民者撤離屯門。這時，一支以迪哥・卡爾渥（Diogo Calvo）爲首的船隊（既是武裝船隊，又是商船隊，也是海盜船隊）又到了屯門。葡人藉口貨未賣完，拒不遵命。於是廣東廣州當局決定武力驅逐，命海道副使汪鋐率官軍水師出擊。中葡（也是中歐、中西）間的第一次武裝衝突就這樣爆發了。

　　汪鋐率領 50 艘戰船向葡人進攻。但葡人「猶據險逆戰，以銃擊敗我軍」〔註 35〕。汪鋐見強攻難勝，便改變戰術，實行圍困，並採納「獻計，使善泅者，鑿沉其舟」〔註 36〕，使敵蒙受重大損失。經過三四個月的長期圍困，葡人糧盡援絕，傷亡日眾。時值炎夏，汪鋐又決計利用季節行火攻戰術。因爲「藩舶大而難動，欲舉必賴風帆。時南風急甚。（汪）鋐（遂）命刷賊敵舟，多載枯柴燥荻，灌以脂膏，因風縱火。火及敵舟，通被焚溺。眾鼓譟而登，大勝之，無孑遺」〔註 37〕。葡人遭此致命打擊，已無力堅守下去，於是在 9 月 7 日晚 8 日凌晨被迫放棄其他艦船，駕乘三艘船突圍潛逃，但又遭到明朝水師攔截。只是由於天不作美下起暴雨，葡船才乘亂得以僥倖逃脫。這次中葡首次交戰，葡人失敗，死傷慘重。在整個會戰期間，葡人有 60 名男子和 50 名婦女兒童被俘〔註 38〕。（這些俘虜後被釋放）葡人的殖民據點被拔除，中方繳獲敵船洋銃若干，取得完全的勝利。

　　1522 年 8 月，葡人科亭何（M. A. de Mello Coutinho）率約 500 餘人的隊伍，分乘五艘艦船又來到屯門，向廣東當局要求恢復通商，遭到拒絕。葡人艦船隊轉到廣東新會的西草灣時，遇到明朝水師巡邏隊，葡人拒不聽命，於是中葡發生第二次武裝衝突。

〔註 35〕　明嚴從簡：《殊域周咨錄》卷 9《佛郎機》，中華書局 1993 年版，第 321 頁。
〔註 36〕　同上。
〔註 37〕　清陳伯陶等重修：《東莞縣志》卷 31《前事略三》明。
〔註 38〕　參張天澤：《中葡早期通商史》，第 60 頁。有學者推測，那 50 名婦女兒童很可能是被葡人擄獲或收容的非歐洲人士，沒準是中國人士。參嚴中平：《老殖民主義史話選》，第 518 頁。

明軍備倭指揮柯榮、百戶王應恩率水師與葡人在西草灣激戰，隨後又追擊至稍州。「向化人潘丁苟先登，眾兵齊進，生擒別都盧（按，即 Pedro）、疏世利（按，即 Syseiro）等四十二人，斬首三十五級，俘被掠男、婦十人，獲其二舟」〔註39〕，及船上大炮火銃等武器。激戰中王應恩不幸陣亡。「餘賊……亦敗遁」〔註40〕。據一些學者研究，中方史料中的記載，基本上都為眾多西方（葡方）史料記載所證實〔註41〕。所以是役中方又取得完全的勝利。

葡人在屯門和西草灣兩役戰敗後，大批轉向閩浙沿海活動，並與在那一帶活動的日本海盜倭寇、東南亞人海盜、中國沿海之人海盜合流，構成一個龐大的國際海盜群〔註42〕。真的出現了宋文所憂慮的「倭寇與紅毛寇共同為患」的情況〔註43〕。但即使這樣，也沒有什麼大不了的。並非像宋文所說「雪上加霜」，「不堪忍受」。因為它們仍是明軍的手下敗將。在 1548 年浙江寧波的雙嶼戰役中，在 1549 年福建詔安走馬溪戰役中，明軍在巡撫朱紈調度下仍大獲全勝〔註44〕。正因為葡人－西人當時打不過中國人，所以後來葡人在入住竊據澳門時（1553～1557 年）採用的是行賄並繳納地租的手法，而不是所說的擊敗華軍「割地賠款」，簽訂不平等條約等。

不僅明中葉來華的封建君主國的葡萄牙人還不是中國的對手，就是明末來華的資產階級共和國的荷蘭人也沒有什麼可怕。荷蘭是世界上第一個資產階級專政的資本主義國家，17 世紀的「海上馬車夫」。馬克思講：「荷蘭——它是十七世紀標準的資本主義國家」〔註45〕。荷蘭人來到遠東和中國後，雖一度佔領竊取了臺灣，但最後仍被堅持反清復明的鄭成功打敗，被迫繳械投降，灰溜溜地滾蛋。鄭氏收復了臺灣，彪炳史冊。

以上事實充分說明，西歐人初來時，西歐並不比中國強什麼，至少不比

〔註39〕 《明世宗實錄》卷24，嘉靖二年三月壬寅朔，第38冊第0693～0694頁。

〔註40〕 《明史》卷325《佛郎機傳》，中華書局標點本，第8431頁。

〔註41〕 參嚴中平：《老殖民主義者史話選》，第519頁。

〔註42〕 參嚴中平：《老殖民主義史話選》第523頁；蕭致治、楊衛東編：《西風拂夕陽，鴉片戰爭前中西關係》，第19頁。

〔註43〕 紅毛寇、紅毛番在明代史籍中本指荷蘭人。鑒於荷人葡人皆為西歐人。《明史‧外國六‧佛郎機傳》說「其人長身高鼻，貓晴鷹嘴，鬈髮赤鬚」。這裡據其外貌特徵，姑且把葡人也視為紅毛寇。

〔註44〕 限於篇幅，這兩次大捷的過程不再敘述，有興趣者可參蕭致治、楊衛東：《西風拂夕陽》，第18～22頁，嚴中平：《老殖民主義史話選》，第520～529頁，張天澤：《中葡早期通商史》，第90～95頁。

〔註45〕 《資本論》第一卷，人民出版社1975年版，1986年三刷，第820頁。

中國強多少。這一點其實也不難理解，因為在 18 世紀末完成工業革命後，西方才大大超過東方，相互間的差距才拉大並越來越大，包括政治、經濟、軍事、科技、文化等。

另外，中華民族也是一個虛心好學並善於學習的民族。西人初來時，炮銃等火器已比中國稍先進。但中國人通過各種途徑很快便把西洋火器術學到手，自己製造出性能相當的仿葡人的佛郎機火炮、仿荷蘭人的紅夷大炮，仿西班牙人的呂宋炮等，迅速趕了上來。拿今天的話說便是能及時跟蹤趕上高新技術。

還有，說什麼「船堅炮利」呀，「全線崩潰」呀，「割地賠款」呀，「不可避免」呀——有唯武器論之嫌。毛澤東同志早就批評過：「武器是戰爭的重要的因素，但不是決定的因素，決定的因素是人而不是物」〔註46〕。「決定戰爭勝敗的是人民，而不是一兩件新式武器」〔註47〕。希望同志們重溫一下毛澤東同志的教導，也認真地回顧一下歷史。汪鋐、柯榮、朱紈、鄭成功指揮的反殖民反侵略戰役，不都取得了勝利嗎？

三、雖能加速西歐資本主義崛起，但也可能使中國擺脫半殖民地的命運

現在，讓我們根據歷史發展的內在規律，在唯物史觀的指導下也來推測一下：如果鄭和遠航到了歐洲，歐亞新航路早開闢六七十年，西歐人也早東來六七十年，歷史特別是中國歷史會怎樣演變、發展。

我認為很可能出現（不同於宋文所預測的）兩種情況和局面。

一是西方人早東來六七十年，西學（西方的科學技術，哲學社會科學人文科學）也早傳入中國。中國知識份子和中國人民在學習汲取別人的長處中提高了自己增強了自身。明中葉以後南方就已出現的資本主義萌芽會成長成熟（早來六七十年便正好是明中葉）。明朝的國力增強，就可以避免 17 世紀中國、中原漢族再次被游牧漁獵落後的還處於奴隸制的少數民族女真－滿族征服、統治，生產力、生產關係、生產方式嚴重倒退的悲劇，而逐漸發展進入到資本主義社會。因為中國的落後──➤挨打──➤半殖民地──➤……都是在

〔註46〕 《論持久戰》，《毛澤東選集》一卷本，第 432 頁。
〔註47〕 《和美國記者安娜‧路易士‧斯特朗的談話》，《毛澤東選集》一卷本，第 1091 頁。

滿族這個落後的少數民族統治下形成的。明初中國還比較先進、強盛，還出現下西洋的盛事和壯舉，明後葉也不怎麼落後，還屢次打敗東來的西歐封建主義殖民者葡人和資本主義殖民者荷蘭人。也正如毛澤東同志所指出：「如果沒有外國資本主義的影響，中國也將緩慢地發展到資本主義社會」〔註48〕。西方人西方影響早來，可能使這個過程和過渡快點並真正實現，中國有可能走上自由資本主義道路，擺脫半殖民地半封建的命運。

　　二是西方的（包括封建主義的和資本主義的）侵略、掠奪、殖民、危害早來六七十年，使中國受到淪爲半殖民半封建地位的威脅和民族危機也早出現六七十年。與此相伴隨，中國人民的救亡圖存、思想啓蒙、反殖反帝、反封建專制的改革、運動、鬥爭、革命也早六七十年發生。特別是其中作爲資產階級改良、資本主義改革的戊戌變法維新政治運動也相應提早六七十年〔註49〕。那樣的話，維新運動就將發生於 19 世紀三十年代，那就很可能成功，中國就很可能走上資產階級君主立憲、資本主義大國、強國的道路，完全擺脫半殖民地半封建的命運。我這樣推論的一個最主要理由在於，19 世紀中葉及其以前世界資本主義的發展還處於自由資本主義階段，它那時候還允許一些國家、地區、民族參與競爭，通過各種途徑走上獨立自主地發展資本主義、成爲資本主義列強的道路。這方面典型的例子莫過於西歐的意大利、東歐的俄國、東亞的日本。西歐的意大利經過 19 世紀中葉一系列的運動、革命、改革、戰爭，才推翻了奧地利對意大利許多重要地區的統治和控制，驅逐了其他外國勢力，把四分五裂的意大利統一起來，於 1870 年完成了國家統一和驅逐外來控制的民族民主革命，走上了成爲資本主義列強的道路〔註50〕。俄國於 1861 年進行了廢除封建農奴制的民主改革，走上了成爲資本主義列強之路。與中國最鄰近情況最類似，歷史最相像但命運最相反的便是日本。

　　19 世紀五十年代，美國培里艦隊以威力脅迫叩開了日本閉關鎖國的大門。緊接著，美、英、俄、法、荷等歐羅巴人國家與日本簽訂一系列不平等條約。日本也出現了民族危機，面臨著淪爲半殖民地的威脅。在這種形勢下，

〔註48〕《中國革命和中國共產黨》，《毛澤東選集》一卷本，第 589 頁。

〔註49〕運動發生於 1895～1899 年，高潮是 1898 年的百日維新和同年的戊戌政變。此後，運動失敗。

〔註50〕參楊生茂、張芝聯、程秋原：《世界通史·近代部分》上冊，人民出版社 1972 年版，第 365～369 頁。

日本掀起了資產階級改良、資本主義改革的明治維新運動〔註 51〕。日本從此走上了成爲資本主義列強的發展道路，完全擺脫了淪爲半殖民地的命運。到 1894 年，日本與歐美列強簽訂了新約修改或廢除了舊約，擺脫了不平等條約的奴役和束縛〔註 52〕。總之，明治維新後，日本成爲亞洲唯一的資本主義強國，後來成爲亞洲唯一的帝國主義國家，今日是亞洲唯一的發達國家……

　　日本的明治維新爲什麼能成功，中國類似的戊戌維新爲什麼失敗了呢？我認爲一個最重要的原因便是前者發生在自由資本主義階段，後者發生在壟斷資本主義－帝國主義階段。到了壟斷資本主義階段，國際帝國主義把世界（包括勢力範圍）瓜分完畢，已不允許民族國家走上獨立自主發展資本主義、成爲資本主義列強的道路了。意大利、俄國、日本、中國等的改革結局迴異，便是明證。

　　還需要說明一點。如果鄭和遠航到了歐洲，西歐人提前到了東方。這雖然會加速西歐資本主義的崛起，但不能據此便推論，壟斷資本主義－帝國主義也會提前六七十年形成、出現，並控制世界。因爲它的形成出現是許多因素促成的，其中生產力發展積纍的因素、科學技術發展積纍的因素至關重要。這兩個因素、條件的成熟需要假以時日，經年累月，而非歐亞新航路提前開關六七十年便也能提前成熟六七十年。所以，壟斷資本主義－帝國主義仍然要到 19 世紀末才能形成。

　　另外，說「中國資本主義更無法發展起來」，「將提早幾十年淪爲……殖民地半殖民地」，「東西差距北南差距的基本格局仍會出現」等等（見宋先生的兩文），還有歷史宿命論之嫌。照此推論，中國人民的奮鬥，志士仁人的努力，任何事件，所有變化，一切偶然性都毫無作用，都等於零。中國近代落後挨打，淪爲半殖民地半封建殖民地，被奴役、侵略、壓迫、掠奪——都命裏注定，不可改變，而且還要提前，哪怕發生了鄭和（偶然）遠航到達歐洲開關了新航路這樣的重大歷史事件，中國人參與了一部分地理大發現。而唯物主義和辯證法是反對宿命論的。馬克思指出：「另一方面，如果『偶然性』不起任何作用的話，那末世界歷史就會帶有非常神秘的性質。這些偶然性本身自然納入總的發展過程中，並且爲其他偶然性所補償。但是，發展的加速

<hr>

〔註 51〕 運動發生於 1859～1877 年，高潮是 1868 年明治元年的維新改革。到 1877 年
　　　　 平定士族叛亂，維新勝利完成。參楊生茂等：《世界通史·近代部分》上冊，
　　　　 第 410～428 頁。
〔註 52〕 參楊生茂等：《世界通史·近代部分》下冊，第 96 頁。

和延緩在很大程度上是取決於這些『偶然性』的」〔註53〕。所以，如果發生了鄭和遠航（偶然）到了歐洲這一重大歷史事件，中國人參與了一部分地理大發現，世界歷史的發展便會有一些變化，中國的歷史進程也會有一些不同。就中國來說，我認為總的情況、形勢、歷史命運會好一些，而不會毫無二致，更不會還要糟糕。

（原載《科學中國人》2005 年第 8 期）

〔註53〕《致路·庫格曼》（1871 年 4 月 17 日），《馬克思恩格斯選集》第二卷，第 393 頁。

On also if Zheng He Voyaged to Europe······

Abstract

If Zheng He voyaged to Europe after covering long distance, then the development of the great navigation and great discoveries, of the world history and of the Chinese history specially would changed some naturally. For example, Zheng He would become the hero of opening the new sea-route from Asia to Europe instead of Da Gama, but he couldn't substitute for Columbus, Magellan and et al; For it again, the western Europeans could come to the Far East and China earlier than sixty or seventy years, yet then they were no match for the Chinese even more; If Ming dynasty won more sixty or seventy years to learn from the West, maybe she could heighten and strengthen herself much more, thus she could avoid herself being conquered by the backward Manzhu minority, which could make the capitalist sprout which appeard since the middle period of Ming dynasty to grow up and strengthen, in the result China would evolve to the free capitalism; For example more, even if the modern national crisis could come ahead of time, but accordingly, so would do the Chinese movement of saving the nation from doom and ensuring its survival, especially that of the Constitutional Reform and Modernization among them. Like that, maybe China could stepped on the road of capitalist power through the Constitutional Reform and Modernization during 「Daoguang」 like Japan did so through the Modernization during Mingzhi Mikado, thus China could avoid the fate of falling to the semicolony.

Key words: To voyage to Europe, Discovery of America and Australia, Ming dynasty no longer die out, Capitalism, Constitutional Reform and Modernization, Change of fate

《大明混一圖》的地理範圍辨析

　　《大明混一圖》大概繪於明洪武廿二年（1389 年）。該圖長 3.86 米，寬 4.75 米，面積達 18.34 平方米，是我國現存尺幅最大、年代最久遠、保存最完整的大型地圖。此圖彩繪絹本，現藏中國第一歷史檔案館。

　　關於《大明混一圖》反映的地理範圍，一些學者認爲它「以大明王朝版圖爲中心，東起日本，西達歐洲，南括爪哇，北至蒙古。……明朝中國域外地區，尤以歐洲地區描繪最詳。非洲大陸的地形地貌、山川河湖、島嶼礁石，詳盡清晰、繪製規整，水色山光、曲儘其妙。南部非洲好望角，海陸線條精美，筆法流暢，形制一目了然」〔註1〕。持類似觀點的學者還不少〔註2〕。在此前後，報紙網絡等媒體也紛紛報導，一片嘖嘖稱讚，眾口鑠金〔註3〕。

一

　　最近，本人仔細地、反覆地將《大明混一圖》〔註4〕與當今的中國地圖、亞洲地圖、非洲地圖、世界地圖和地球儀比對、勘驗，並結合已知的地理情況、歷史知識，判讀出它不是世界地圖、非洲地圖或歐亞非地圖，而基本上是一幅反映中國情況，兼及部分周邊國家和地區的中國－亞洲地圖。爲便於

〔註 1〕 李宏爲：《沉寂數百年，一鳴驚天下》，《歷史檔案》2004 年第 1 期，第 133 頁中間。

〔註 2〕 如張文：《瞭解非洲誰佔先？》，《地圖》2003 年第 3 期；編輯部：《〈大明混一圖〉繪製的非洲地域圖，比當年歐洲人繪製非洲地圖早 100 多年》，《檔案》，2004 年第 4 期；鄭自海、鄭寬濤：《三幅明代地圖奠定中國在世界航海史地位》，《航海》2007 年第 1 期，一、《大明混一圖》。

〔註 3〕 用百度 baidu、谷歌 google 搜索引擎查詢「《大明混一圖》」，有上百條的報導、記載、新聞等。

〔註 4〕 彩圖載《歷史檔案》2004 年第 1 期封三，本文附圖複印自該圖。

闡述，讀者驗證，我們把這幅圖從上到下十等分多一點（約10.2），以字母標注；從左到右九等分，以數字標注。

先看該圖反映的大陸海岸線，我們先從上到下從右到左。圖F9（即F格向右延伸，9格向上延伸的交匯區域。下同）的海峽我認為是今朝鮮海峽。海峽以南（以下）為今日本列島，海峽以北（以上）為今朝鮮半島。圖E9處的小半島為今遼東半島。由於時代、知識水準、測繪技術、地理理論、寰宇觀等的局限，圖中不少地方畫得有些失真，不太像。這裡的遼東半島便畫小了，且很不突出，周圍的小島也畫大了。但不管怎麼樣，它似乎只能或只應判讀對應為遼東半島。圖E8處的大半島明顯地真切地是山東半島，它和遼東半島環抱的海灣是渤海灣；它斜對的遼東半島之下的海灣為今西朝鮮灣。

按理，黃河在渤海灣入海，但在《混一圖》上找不到明顯的黃河干流河道和入海口。雖說金代以後，黃河改道東南流，由江蘇北部奪淮入海，故混一圖上渤海灣處找不到明顯的幹流或入海口情有可原。但上游中游中下游下游也無明顯的幹流河道。這應該是該圖的缺陷之一。再往下，在圖的中下部，有一條大江（大河）從西到東流淌，在東海入海。從這條大江的流向長度大的程度（江面寬度），其支流的銜接、水系分佈、蜿蜒情況等判斷，它是中國最大、亞洲最大、世界第三的大江大河長江無疑。捨此別無他解。長江（口）以下圖G8處有一條水體似大河的下游和入海口，實際應是一個較深較狹長的海灣，竊以為即今杭州灣。只不過畫得太狹長了，灣面過窄。

再往下，圖H8-9處的那個島呈豎著的橢圓形（或棗形）。從形狀、大小、方位、周圍環境判讀，它肯定是今臺灣島（明初稱其為琉球）〔註5〕。臺灣以東的大島應是日本列島；以南的三個狹長豎排在一起的島及所構成的群島，應是今天的菲律賓群島（明初稱呂宋，參同前）。只不過由於前述原因，日本和菲律賓都畫得不很像，臺灣海峽也畫寬了。圖JK5-6處的大島便是今天的海南島，它的大小、形狀、位置等都與實際比較吻合。該島北方正對著的半島便是雷州半島，它們之間的海峽便是瓊州海峽。雷州半島以東圖IJ6處的小半島我以為大概是今香港地區的九龍半島。只不過半島被畫得大了些，突出了些。兩個半島之間，圖J6處的那個島可能是今天的上川島下川島。但圖上畫得大了些，且把兩個緊挨在一起的島畫成一個島了。

雷州半島海南島以西不遠便出境了，是外國了，故以西的圖畫得不好、

〔註5〕參譚其驤主編：《簡明中國歷史地圖集》「明時期全圖」（一），1991年版。

不像。但仔細比對勘驗琢磨猜度，仍能理出頭緒看出端倪復原出粗略的輪廓。下面也試析解讀一番。先從西到東。大陸海岸線西南部那個大半島（圖 GH1 處）可能便是印度半島。但半島上不知何故卻有巨大的水體－湖泊。據我所知，不論是亞洲還是世界均沒有哪個大半島上有如此巨大的水體－湖泊，竟佔了半島面積的一半。另外，半島東南方有一條非常狹長的海灣從南向北深深楔入半島東北部。這也不得其解。不知是不是想表示印度半島東北部東南流向、入海的恒河。若是，這個海灣便畫得十分粗糙不像。印度半島以東的那個海灣便是孟加拉灣。孟加拉灣上尖下大，基本上呈三角形，但畫成豎著的長方形了。圖 HJ2 處那個又深又狹的海灣應是安達曼海和緬甸的莫塔馬灣。莫塔馬灣以東，海南島西北面，圖 IJ5 處的那個海灣應該是中越之間的北部灣。北部灣實際上較深，但圖上畫得較淺。北部灣與安達曼海和孟加拉灣之間便是巨大的中南半島。可惜該半島被畫得太淺、不突出，不太像個半島。中南半島西部圖 HI2 處的那個狹長海灣應該是泰國灣。泰國灣基本上是上小下大的三角形，但被畫成了長條形。泰國灣以西圖 HI1-2 處那個狹長半島應該便是由巨大的中南半島向南伸出的狹長的馬來半島。不過該圖作者（們）對亞洲大陸以南的東南亞海島不瞭解，對大巽他群島、菲律賓群島等較陌生，故圖上沒能把印尼、馬來西亞〔註6〕、菲律賓等畫出來；或者說畫得太差，無法辨認。自然，馬來半島與蘇門答臘島之間的著名水道馬六甲海峽也沒能畫出來或畫得太差。

以上便是我對《大明混一圖》大陸海岸線所反映的地理概況的判讀與詮釋。我自認為本文對從朝鮮半島西海岸到北部灣的大陸海岸線的解析是基本正確的，有把握的；對北部灣西海岸到印度半島西海岸大陸海岸線的解析雖無絕對的把握，沒有較大的準確度，但也比把它們解析為今非洲南部（或南部非洲，或歐洲等）正確得很多很多，接近於真實很多很多。如果不認可我的解析，堅持原有的詮釋，那也請像我這樣把「混一圖」上蜿蜒曲折的大陸海岸線與中國的、亞洲的、歐洲的——一句話，舊大陸的——大陸海岸線一一對應、分析、解釋，談談有哪些吻合哪些差異。

我認為判讀古地圖——特別是大範圍小比例尺古地圖——所反映的地理情況，最基本的方法和途徑便是看它的大陸海岸線走向與當今地圖、地球儀上疑似地區大陸海岸線的走向相對應的程度，捨此別無他法。為什麼呢？因

〔註6〕馬來西亞在馬來半島上有近一半國土，在加里曼丹島上有一半以上國土。

爲地球表面只有兩種最基本的自然物質形式，即陸地和水域。地球表面約 71%
爲海洋，29%爲陸地。海洋包圍著陸地並相通。海洋和陸地是地球表面的第一
級分異，是地理環境的最基本分異。海陸分異的變化極緩慢，是人工幾乎無
法改變的。對應得上的能吻合的或大致能吻合的地區便是古地圖反映的當今
地區，難以對應的吻合得差的便有問題，不能對應完全不吻合的便不是所想
像的當今地區。

二

　　以上我們從大陸海岸線的走向和曲折情況判讀出《大明混一圖》的海岸
線大致反映的是從印度西海岸到朝鮮西海岸的南亞東南亞東亞海岸線情況。
現在對圖上內陸部分的情況也簡單論述一下。

　　前面提到，地球表面只有兩種最基本的自然物質形式，即陸地和水域。
水域在大陸內部、在陸地則表現爲大湖湖泊、大江大河河道、大型水庫等水
體。所以，弄清陸上的較大水體是解讀古地圖所反映的陸上基本情況的重要
方法之一。而「混一圖」對陸上水體的反映是比較差的。在中國的幾大江河
水系中，只有長江及其水系表現得比較好，與實際基本吻合，黃河、珠江等
大河及水系沒反映出來或反映得不好。長江中下游以南的三個大湖從西到東
爲洞庭湖（圖 GH6 處）、鄱陽湖（圖 G7 處）、太湖（圖 G8 處），長江下游以
北的一個大湖洪澤湖（圖 G7 處）均畫得較好，其方位、地望、分佈均與實際
吻合。北緯 50 度線以南東部正對著渤海灣有一湖泊（圖 B8 處），應該是今內
蒙古東北部的呼倫湖。除這些之外，基本難以判讀出其他的中國大湖了，如
巨大的青海湖，今吉爾吉斯的伊塞克湖，今哈薩克的巴爾喀什湖，今哈薩克
和烏茲別克的鹹海等圖上均未反映出來。北部邊陲今俄羅斯的貝加爾湖在圖
上也找不到。這種情況也基本符合中國古代人們的地理知識和視野範圍，即
向北只到達貝加爾湖一帶〔註 7〕。所以，從圖 B 格的中間畫一虛擬橫線，橫線
以北一片空白，沒有任何標識物；橫線以南有多種標識物，如山體、河流、
湖泊等。據此可知，「混一圖」向北的描繪只達到今蒙古國（歷史上的外蒙古）
一帶。這一帶大致相當於北緯 50 度一線；此緯度以北，便是蠻荒徼外陌生人
跡罕至之地，古代中國人對它不怎麼瞭解也極少去過。

　　在我以爲的印度半島西海岸以上，圖左邊的邊緣地、圖 D1 處有一較大水

〔註 7〕參張箭：《古代中國人足跡和地理知識的北至》，《歷史研究》1999 年第 6 期。

體的局部。從緯度經度等判斷，可能是今烏茲別克的艾達爾庫爾湖；但從大小形狀辨別，又可能是鹹海甚至裏海。但鹹海里海均更靠西，不在這個經度上，它們已超出了圖的涵蓋範圍，不應出現在圖中。故此湖待考，望方家賜教。

<h2 style="text-align:center">三</h2>

　　在中國地圖或以中國爲主的亞洲地圖上，最獨特最重要的（非自然的）人文標識物似乎便是萬里長城了。在現代中國地圖（集）上，都要畫出長城；在「圖例」頁，也要專門說明ᒐᒐᒐ長城。可在《大明混一圖》上，卻沒有畫出長城，這是何故呢？現有的解釋爲：一、朱元璋欲統一中華，不甘大明北方以長城爲界，要避免因畫上長城而給漢族臣民造成心理障礙；二、當時長城以北是敵對的蒙元的殘餘北元的地盤和勢力範圍。畫出長城有礙保密，可能洩露軍機；三、明朝實行行政、軍事、監察三權分立。繪製輿圖屬政事，歸六部管，軍事歸都督府管，塞北沿邊還有朱姓諸王藩國官屬軍隊。它們皆互不統屬。故也就未能協調配合畫出長城〔註8〕。

　　上述原因雖也可能在這個問題上（「混一圖」未畫出長城）起點作用，但我認爲最主要最重要的原因在於：明初開國皇帝洪武年間，中國大地上並無今天所見圖上所畫的那種蜿蜒萬里（市里）、巍峨迤邐、氣勢恢宏的磚砌石壘長城。長城始建於戰國（一說春秋）。《左傳》僖公四年（前656年），「楚國方城以爲城」，長城始見記載。秦始皇統一中國後，將北方長城續修連貫擴建爲萬里長城，以防匈奴等草原游牧民族。以後歷代都曾修葺增建。但隋以後的唐、五代、遼、宋各朝停修長城。金朝爲防蒙古雖大修長城，時稱「界壕」。但金長城主要橫亙今內蒙古境內，少部分在今蒙古國境內，個別地段延伸至今俄羅斯境內〔註9〕，與今日一般意義上的「長城」位置走向不合。到元代，隋以前的長城已坍塌傾圮，已不像「城牆」。遊牧民族蒙古人從漠北打進中原佔領全國（甚至中亞、西亞、東歐），自然不修長城。征金征宋時期還可能有意破壞（如果還有殘存的話）。故元初來華的馬可·波羅在中國（中原大地上）未見長城，其《遊記》也未記長城。明朝一代雖大修長城，但大體也分三個

〔註8〕佚名：《〈大明混一圖〉爲何未繪長城？》，「西安信息網」，www.029xian.com，2007-01-03點擊瀏覽。

〔註9〕參編委會編：《中國歷史大辭典》第1879頁《金界壕圖》，上海辭書出版社2000年版。

階段。明前期(1368～1447年)只偶爾對長城進行小規模的修繕;明中葉(1448
～1566 年)對長城大規模地修建,時稱「邊牆」;明後期(1567～1620 年)
對長城重建和改建〔註10〕。翻檢《明太祖實錄》,也未見有修長城的記載。經
過明中期的大修長城,才有今日從山海關到嘉峪關,蜿蜒萬里、氣勢磅礡、
如龍似蟒、翻山越嶺的長城,才有今天所見那種規整完美的磚砌石壘土夯的
長城,也才有一般中國地圖上北緯37 度至42 度的範圍內,畫出 ⊔⊔⊔ 的長城。
所以,在《混一圖》成圖的明初洪武年間,在中原大地黃河流域,是沒有像
樣的長城的,即使有也只是一條土埂,一堆散磚,一座坍塌的敵臺……自然
也就無法和無需在圖上畫出。當時即便有稍完整的金長城存在,那也在北元
的控制地區內,在「混一圖」的北至北緯50 度線以北,也無法畫出。

四

　　上面我們已從水陸分異角度判讀出《大明混一圖》是反映中國兼及周邊
國家地理範圍的地圖。下面再從歷史和文獻的角度辨別一番。既然諸多專家
據《明史·地理志》中關於「北平府」、「廣元縣」、「龍州」等地名的記載,
斷定《大明混一圖》繪成於洪武廿二年(1389 年),但又說該圖「彷彿讓人們
看到當年鄭和萬船揚帆,七下西洋,繞過非洲好望角遠征西方,開創古代中
國乃至世界航海史的偉大壯舉」〔註11〕;又有學者說:「早在葡萄牙著名航海
家於 1488 年航行繞過好望角前,中國人便已環繞非洲航行了」〔註12〕。這些
話有鄭和遠航環繞了非洲,因而非洲大陸包括非洲南部好望角在圖上都被繪
製下來並畫得較好的意思。但問題是鄭和首下西洋發生在永樂三年(1405
年)。「成祖疑惠帝亡海外,欲蹤跡之,且欲耀兵異域,示中國富強。永樂三
年(1405 年)六月命(鄭)和及其(同)儕王景弘等通使西洋」〔註13〕。下
西洋結束於宣德六年(1432 年)。即便是鄭和船隊環繞了非洲征服了印度洋大
西洋,它的地理發現成果又怎麼可能反映在十幾年前至幾十年前就已繪製成
的「世界地圖」上。

　　另外,李文和其他文章認為「混一圖」的淵源很可能始自元代李澤民的

〔註10〕 參李孝聰:「明長城」,載長城學會編:《長城百科全書》,吉林人民出版社 1994
　　　　 年版,第 87～93 頁。
〔註11〕 李宏爲:《沉寂數百年,一鳴驚天下》,《歷史檔案》2004 年第 1 期,第 133 頁。
〔註12〕 張文:《瞭解非洲誰佔先?》,《地圖》2003 年第 3 期,第 15 頁。
〔註13〕 《明史》卷 304《宦官·鄭和傳》。

《聲教廣被圖》和清濬的《混一疆理圖》。這一點筆者並不反對。李澤民和清濬的輿圖現已亡佚。不過其主要內容和框架輪廓在 1500 年左右日本人摹繪的《混一疆理（里）歷代國都之圖》中保存下來。該圖大約 160 釐米見方，彩繪。現存日本東京龍谷大學圖書館〔註14〕。該圖篆額下有權近題跋：「……惟吳門李澤民《聲教廣被圖》，頗爲詳備；而歷代帝王國都沿革，則天台僧清濬《混一疆理圖》備載焉。建文四年（按即 1402 年）夏，……命檢校李薈，更加詳校，合爲一圖。今特增廣本國（按指朝鮮）地圖，而附以日本，勒成新圖……」。此圖後傳入日本，由日本學者摹繪下來，保存至今〔註15〕。把《大明混一圖》和《混一疆理（里）歷代國都之圖》對照比較，可見二圖頗爲相像，範圍也差不離。都是東起朝鮮半島，西至印度半島，南達中南半島以南，北迄蒙古高原。只不過「疆理圖」上大半個中國和中南半島融在一起，南北方向狹長一些，像個特別巨大的半島；朝鮮半島西海岸和印度半島東海岸畫了出來〔註16〕。這些說明「疆里圖」和「混一圖」皆源自李澤民圖和清濬圖。不過此說一成立，那麼「混一圖」反映歐亞非、世界、非洲地理情況的觀點又得受到懷疑。因爲元代並沒有某某下西洋、某某遠航的壯舉。李澤民、清濬又是根據誰帶回或帶來的資料繪出了反映非洲南部乃至歐亞非舊大陸的地圖來。所以，「疆里圖」上印度半島以西的海洋也只應理解爲阿拉伯海印度洋，而不應詮釋爲大西洋。

我以爲，正因爲「混一圖」成圖於下西洋之前的洪武年間，故它對中國以外今東南亞南亞地區的描繪有些失眞，不太像。而經過鄭和七下西洋，歷時二十八年，遍訪亞非三十多個國家和地區，尤其是反覆訪問了東南亞和南亞地區，並繪有著名的《鄭和航海圖》。從此，中國人對東南亞南亞的地理情況才比較熟悉瞭解，才能繪出把它們描繪得較好的大範圍小比例尺地圖。從這個情況也可反推出混一圖成圖於洪武廿二年，圖上反映的地理範圍在中國、東亞、東南亞、南亞一帶。

順便提提，說鄭和遠航「萬船揚帆」也過於誇張。鄭和下西洋的船隊規

〔註14〕 參 Sugiyama Massaki（杉山正木）：The World Maps in the Mongol Period，載日本東京《國際東方學（學）者會議紀要》（Transactions of the International Conference of Eastern Studies），2006 年總第 51 期。

〔註15〕 參 Sugiyama Massaki：The World Maps in the Mongol Period，載日本東京《國際東方學（學）者會議紀要》，2006 年總第 51 期。

〔註16〕 《混一疆理（里）歷代國都之圖》，載日本東京《國際東方學（學）者會議紀要》，2006 年總第 51 期，第 170 頁。

模最大時為 2.7 萬多人，兩百來艘海船。史載：「太宗皇帝命太監鄭和等統領官兵二萬七千有奇，海船二百（零）八艘，賞賜東南諸番，以通西洋」〔註17〕；「明永樂三年，太監鄭和下西洋，海船二百（零）八艘集崇明」〔註 18〕。即使加上大、中寶船上搭載的小艇，也只有四百至六百艘，遠沒有萬船。

綜上所論，《大明混一圖》應該是一幅明初洪武年間繪製的，主要反映中國地理情況，兼及周邊國家和地區的大型地圖。它的地理範圍包括東亞、東南亞、南亞和中亞，但遠未涉及非洲、歐洲。這樣，它仍然是當時世界上最為領先的中國和亞洲地圖。

（原載《中國航海文化論壇》第 1 輯，海洋出版社 2011 年版）

〔註17〕 《嘉靖太倉州志》卷 10《雜誌》，天一閣明代方志選編，第 20 冊。
〔註18〕 明張蔚千編，清康熙雍正年重修：《崇明縣志》卷 18《雜誌》篇，線裝刻本。

大明混一圖

書評樂評篇

《中國和亞洲的海洋》簡介

　　最近，我校圖書館購進了我挑選的《中國與亞洲的海洋——貿易、遠行和對他國人的看法，1400～1750 年》一書〔China and the Asian Seas—Trade, Travel and Visions of the Other（1400～1750）〕。該書由德國著名漢學家、海德堡大學哲學博士、美因茲大學中國語言文化系教授羅德里希‧普塔克（Roderich Ptak）撰寫並編選，由英國美國阿西蓋特（Ashgate）跨國出版公司於 1998 年在英國奧爾德肖特、美國布魯克菲爾德、新加坡、悉尼出版。此書亦爲該公司出版的系列專題研究叢書之一。該書大 32 開，前後一共 340 頁。此書收有作者近年來研究這方面歷史的英語德語論文十四篇，反映了西方漢學界在這方面的新成果、新水準、新動態。現將作者爲論文集寫的導言和論文目錄譯出，並適當做注。以饗讀者，以便感興趣的學者瞭解和利用（如館際借書或複印等）。

　　20 世紀九十年代所目睹的幾次週年紀念都與歐洲的擴張史有關：美洲的發現，費爾瑙‧門德斯‧平托造訪日本四百五十用年紀念〔註 1〕，瓦斯科‧達‧伽馬繞過好望角的航行。當葡萄牙人抵達印度的時候，他們被告知，幾十年前一些大海舶已從東方前來交換這裡的香料和珍貴物品。我們今天知道，這個消息與 15 世紀初葉鄭和壯觀的航行相聯繫。但中國人向海外的航行實際上很早就開始了。從宋（960～1279）元（1279～1367）時期以來，這種

〔註 1〕 葡人平托 1543 年率領一艘葡萄牙船首次航達日本九州的種子島。這也是首次
　　　　航達日本的歐洲白人船隻。

向海外的航行就以憾人的規模在進行，把日本、埃及和東非的海岸與中國的海岸連接起來。事情很清楚，中世紀和近代早期的海運史不是歐洲佔優勢的事務。亞洲人總在其中發揮重要的作用，而中國人則是最為重要的商貿團體之一。

這本論文集考察了有關中國捲入亞洲海洋的某些關鍵問題。甲部論文包括鄭和遠行與明初的海外關係。中國的外貿當時主要是作為一種國家的冒險事業來進行。鄭和的艦船隊由皇家朝廷來裝備，而私營的外貿，絕大部分是被禁止的。希望賣貨物給中國的外商只得遵照中國的朝貢規定行事。因此，明朝所建的朝貢關係體制不同於 15 世紀初葉葡萄牙人所創的「微小殖民地」網〔註2〕。這兩種外貿體制及它們各自的結構在第一篇論文中被比較研究。

第二篇論文集中討論王景弘和侯顯的作用，他倆是供職於明初的重要海軍將領。一些學者認為他們倆參加了鄭和七下西洋的所有或者大多數遠航。這種假定是可疑的，因為它部分地依據於不能被歸類為信史的許多資料。第三篇論文考察了明初中國與卡利卡特〔註3〕之間的官方朝貢關係，後者當時是印度西南海岸的主要港口。這篇論文的主要資料是所謂「明朝的真實記錄」，或曰《明實錄》。

以下的兩篇論文也是談及鄭和遠征的，但不涉及其歷史維度；而是考察兩部小說作品，一部出自晚明，一部出自晚清時期。這兩部作品以大不相同的觀點講述了鄭和遠航。較早的資料把這兩部作品描述為植根於宗教思想的複雜框架的一系列冒險。其中一部作品的宏觀結構使人聯想到著名小說《西遊記》，即大家知道的《金猴傳》或《往西旅行》。第二部作品根據中國的虛弱面對 1900 年左右歐洲的挑戰而為明初的航海者的偉大召魂。

乙部論文離開了明初，而轉入以後的時期。各篇論文以廣闊的視野寫成並主要描述結構性問題。如同甲部，開頭的一篇把中國的海外貿易的某些特徵與葡萄牙的在「印度的情況」下的某些特徵相比較。主要的問題在於商人本身。除了贏利，是什麼動機指導著身為業主和「常」人的他們的行為？他們被束傳在其中的體制是怎樣影響了他們的決定？我們在中國人中和葡萄牙人中碰到了哪種商人和外貿團體？

〔註 2〕 指中世紀晚期和近代葡萄牙人在世界各地盤踞的澳門那樣的殖民據點網，以別於南美巴西那樣的大殖民地。

〔註 3〕 舊譯科澤科德。

　　十六世紀中葉時，中國的海外貿易不再由政府經營，朝貢貿易衰落下去。在當時民間商人已接過了外貿，但到 1567 年私營外貿又被禁止。這就導致出現大規模走私。一些走私者崛起爲大商巨賈，編織起與日本和東南亞聯繫的商業網。那些商人之間的競爭是激烈的，大量的戰鬥也在商人和明政府軍之間進行，特別是在江蘇、浙江和福建沿海。根本的原因是日本市場的發展。我們從而在這些時代的商人領袖中發現了日本人和其他國家人，包括幾個葡萄牙人。所有這些都在題爲《中日海上貿易》的論文中論述。下一篇論文也是涉及這一時期的。它考察中國海岸以外激烈的衝突的結構。不同的暴力層次被界定了，並考慮了各種社會的和其他的因素。除此之外，還做了中國海岸外的形勢與巴拉巴爾海岸〔註4〕外的形勢的總括性比較，比較再次牽涉到葡萄牙人。

　　乙部最後一篇論文嘗試著剖析東方和南中國海在一段富有意義的時期（約 1600～1750 年）內的外貿。論文的內容不再包括中國的海盜，但包括絲綢換白銀貿易的全盛期，包括荷蘭人的到來，包括日本市場的關閉〔註5〕，包括澳門的衰落，包括望加錫〔註6〕、萬丹〔註7〕和其他方崛起爲商業中心，以及中國自身商貿結構中的各種轉換和變化。

　　丙部論文考察想像中的中國人的「他人－夷」觀念。第一篇論文考察元蒙時期的兩部報導海外亞洲消息的人種學作品。一本是原始資料集性質的《島夷志略》，它已被史學家們在論述商品的流通、東南亞國家的崛起和其他題目時廣泛地使用。的確，它是這類著作中最有影響的之一，堪與伊本·拔圖塔〔註8〕和馬可·波羅的遊記相比。不過業已證明，《島夷志略》和其他中國著作也能當作「文學」作品來閱讀〔註9〕，而且這兩部作品所談的中國的海外鄰居的大量情況是非常有傾向性的，所以在某種程度上，得依靠正規

〔註4〕巴拉巴爾海岸爲印度半島南端的西海岸。

〔註5〕指 1639 年起日本德川幕府實行閉關鎖國，只同荷蘭、朝鮮、中國保持有限的貿易關係。

〔註6〕今印尼蘇拉威西島的烏戎潘當。

〔註7〕原文爲 Bantem，疑爲 Bantam，即明以來的萬丹，在印尼爪哇西北端，巴達維亞之西，今爲一小鎮。參陳佳榮等：《古代南海地名匯釋》；臺灣人文出版社：九卷本《中外地名大辭典》。

〔註8〕有寧夏人民出版社 1985 年出的馬金鵬中譯本《伊本·白圖泰遊記》；新有海洋出版社 2010 年出版的李光斌全譯本《異境奇觀——伊本·白圖泰游記》。2012 年補注。

〔註9〕直譯可譯爲「集部」（Literature），因文學作品歸入集部。

的慣例。

　　一部名爲《下西洋》的明代劇本也可以說是同樣的情況。它把鄭和遠航搬上了戲臺並簡略地描寫了各個亞洲國家，其中蘇祿群島〔註10〕被描繪爲一個反面典型。這種情況在一篇題爲《明代劇本中的蘇祿國》論文中得到分析。亞洲「夷人」的觀念也保存在中國的詩歌中。例子之一就是清初的學者尤侗〔註11〕的詩集，這種情況在下一篇論文中被簡略地討論。這些詩歌中的一部分後來也被收入《澳門記略》，這是一部論述澳門的重要的地方志。更爲重要的事情在於，這部著作還保存了一些地圖和插圖，它們透過中國人的眼光呈現了歐洲人在中國沿海的第一個（也是最後一個）前哨駐地。這些問題在最後一篇論文中討論。這樣，本文集便以中葡關係論題的論文開始和結束。

　　這本文集的論文寫於20世紀八十年代和九十年代初期。它們在特性、篇幅、結構上各有不同。一些用英語寫成，另一些用德語寫成。中國人的姓名和詞語根據中文拼音和威妥瑪－翟理斯式拼法系統譯音，用哪種拼音則取決於論文原發的期刊和著作的編輯喜好那種。索引則依從威妥瑪－翟理斯式拼法譯音，但也通過給出交叉的出處在別的頁碼考慮注明拼音形式。

　　本作者要感謝所收論文原載的各種期刊和著作的出版者和編輯者，感謝他們惠允把這些論文重刊於本論文集。編纂本論文集的設想產生於1997年在澳大利亞舉行的「瓦斯科‧達‧伽馬及其時代」國際學術會議期間。因此我也要爲感謝那些鼓勵我承擔起這項工作的人。

　　目　錄（原載的期刊書籍名、日期、地點、編者等省略）

〔註10〕 今屬菲律賓。

〔註11〕 尤侗（1618～1704），清文學家、戲曲家。有傳奇、雜劇集《西堂曲腋》，詩文集《鶴棲堂文集》等。大部分作品收入《西堂文集》。

六、商人和（利潤）最大化〔註12〕：中國人和葡萄牙人在海外亞洲的
　　企業制評論，約 1350～1600 年

七、中日海上貿易，1550 年左右：商人、港口和商貿網

八、南印度沿海的和明代中國沿海的海盜：對十六世紀的兩樁案件比
　　較評論

九、南中國海岸與亞洲的海上貿易

丙：中國人對他國人的看法和印象

十、汪大淵《島夷志略》的光輝（1349～1350 年）

十一、兩部元代著作中的海外亞洲形象：《島夷志略》和《異域志》

十二、明代劇本中的蘇祿國

十三、尤侗的涉及外國的詩集

十四、《澳門記略》中的澳門城，一部古代中國的地方志

附記：論文集中的第 2、5、9、13、14 五篇論文爲德語論文，其題目由
四川大學歷史系副教授、在職博士研究生周毅譯出，特此致謝。（周毅現已爲
教授、博士、碩導。2012 年補注）

（原載《鄭和研究》2004 年第 2 期）

〔註12〕論文的第一句便爲：「利潤的最大化是現代經濟思想中最基本的概念之一」。
　　　　原載的論文集也名爲《沿海的亞洲：利潤的最大化，道德準則和外貿結構，
　　　　1300～1800 年》。

西方研究鄭和下西洋的新著
——《星槎勝覽》英語譯注本

摘　要

　　由英國漢學家米爾斯翻譯，德國漢學家普塔克修訂、注釋、編輯的《星槎勝覽》英語譯注本是西方漢學界的一個新成果。全書包括普氏導論，米氏譯文正文，普氏的篇幅大大超過正文的注釋，普氏所編的幾個附錄等。米爾斯的譯文根據中國古籍文言的特點，有所添加，用括弧括住。這樣便既忠實於原文，又使文句通順，意思完整。從而達到了信達雅。普塔克的注文既有知識性、述評性，還頗有研究性創造性。譬如他把倒掛鳥考爲一種小鸚鵡，把剌撒（國）鎖定在今也門哈德拉毛海岸穆卡拉城一帶。所以，是書堪稱佳譯力注妙編。

　　關鍵詞：費信之《星槎勝覽》，米爾斯之英譯，普塔克之注釋，佳譯力注妙編。
　　中圖分類號：K248，105，K33
　　文獻標識碼：E

　　明初費信著《星槎勝覽》是集中記載鄭和下西洋之事的四種原始文獻「三書一圖」中重要的一種（另三種分別是馬歡之《瀛涯勝覽》，鞏珍之《西洋番國志》，佚名之《鄭和航海圖》）。《星槎勝覽》長期沒有英譯本。直到 1996 年，由英國現代著名漢學家米爾斯博士（Dr. J. V. G.Mills）翻譯，德國當代著名漢學家普塔克博士（Dr. Roderich Ptak）修訂、注釋、編輯的英語譯注本（Hsing-Ch'a Sheng-Lan, The Overall Survey of the Star Raft, 可回譯為《星槎（上）的全觀》）始由德國威斯巴登市哈拉索維茨出版社（Harrassowitz Verlag. Wiesbaden）出版，並作為普塔克博士主編的《南中國與沿海的亞洲》（South China and Maritime Asia）叢書中的一種。從此，西方漢學界才有了一種《星槎勝覽》西方語言的譯注本。本人 2004 年 10 月曾出席在青島中國海洋大學召開的「海洋、社會、文化國際學術研討會」，有幸結識了普塔克教授（他漢語、英語、法語都極熟練）。他向我展示了印有那本書的書單，我覷覦索要。他回德國慕尼黑大學後便給我寄贈了一本。我通讀之後，覺得它既是佳譯又是力注妙編，堪稱珠聯璧合。便想把它介紹給中國史學界和廣大讀者。

一、譯注本的緣起

　　譯注本前面有一「編者前言」（Editor's Preface），簡扼敘述譯注《星槎勝覽》的緣起等。現予以譯出，權作本文的一小節（感謝普塔克教授惠允）。

　　米爾斯博士特別感興趣於亞洲沿海地區的歷史、地理、民族以及與亞洲人航海和航海術有關的各種事情。他主要關注馬來世界，但也研究南中國海和環印度洋國家。他最為熟悉中世紀晚期和近代早期，因此他的研究是以幾種語言的資料為基礎的；其中也包括葡萄牙語和漢語的書籍文獻。他查閱過的中文著述中有航海論文、地圖、正史以及關於亞洲沿海國家和港口的消息的各種報導。這些著述大部分是明代的，其中一部分屬於「歷史地理」類（混合了「民族學」的「歷史地理學」），並與鄭和的七次遠征和明代海上外貿緊密聯繫。

　　米爾斯博士發表的論文有許多在《皇家亞洲學會馬來分會學報》（JMBRAS）刊出並已成為治沿海亞洲史史家的重要參考著述。他的 1970 年由哈克路特學會出的論馬歡的劍橋版專著（指《瀛涯勝覽》的英語譯注本，Ma Huan: Ying-yai shen-lan, The Overall Survey of the Ocean's Shores〔1433〕——張按）也同樣可以如此評價。這本書本身有《瀛涯勝覽》的英譯，還有關於中國地名、製圖術、

航海事務等等的幾個有價值的附錄。那是徵引了數百種有關亞洲沿海的書籍論文的權威著作之一，總之，那是我們這個領域一筆最有價值的財富。

當米爾斯博士於 1987 年去世時，他留下幾本未刊之手稿、筆記和文獻，並經由鄧尼斯‧繆霍勒索爾夫人（Mühlethaler）託付給劍橋的李約瑟研究所。1991 年，我（普塔克）應邀考察這些文獻，看看從中能做出些什麼。我對英國的短期訪問非常愉快，我對研究所給予的慷慨接待非常感謝。

在劍橋的那些文稿檔中，有一兩篇未發表的論文，一份關於亞洲沿海的歐洲語和非歐洲語對照的很有價值的地名索引（雖然尚未完成），三本重要的歷史地理著作的英譯草稿。米爾斯博士那些英譯稿令我特別感興趣，因為其中包括費信的《星槎勝覽》（現在一般縮寫為 HCSL）英譯稿。這本譯稿的中文底本是我在我的研究中也經常使用的馮承鈞校注本。

1993 年，繆霍勒索爾夫人，李約瑟研究所的克里斯多弗‧卡倫博士（Callen）和我通了幾封信，討論了修訂和出版米爾斯博士的《星槎勝覽》初步的英譯稿的可能性。繆霍勒索爾夫人代表米爾斯博士的諸繼承人，友好地同意支持這一項目並鼓勵我從我的工作開始。我非常感謝她的耐心和慷慨，感謝她允許將該譯稿列入「南中國與沿海的亞洲」叢書出版。

修訂和出版這樣一本著作使編者肩負著負擔。編者應當對這本書中存在的全部差誤負責，也必然包括對可能沒有完全免除語言失誤和其他不完善之處負責。普塔克，1995 年 12 月（編者前言完）。

二、英語譯注本的結構和翻譯

前面提到該英語譯注本是佳譯力注妙編。現在我們就看看它的結構，從中管窺普塔克博士的妙編。該書裝幀為比較簡樸的硬精裝本。開本比常見的大 32 開大，長約 24.5 釐米，寬約 17.5 釐米，全書共 155 頁。內容按順序包括編者前言；普塔克寫的長篇導論，導論評述《星槎勝覽》的不同版本、馮承鈞的現代校注本、費信生平、費信之書的英譯本四大問題。然後是米爾斯的譯本，包括費信的自序，《星槎勝覽》前集後集的目錄和正文。最後是普塔克編製的各種附錄，包括主要參考文獻的縮略語表；參考文獻目錄，其中又分中文原始資料和西方語言（英、德、法語）的譯著、專著和其他第二手著作；中文專名與西文拼寫（譯音）的對照表；全書索引和一幅表現費信所描述的國家和地區的位置的地圖。從如此豐富的專深的分門別類的導論和附錄

中，我們足以看出編者對該書結構的精心設計和對此書的巧妙完善的編輯。

普塔克的編者前言提到，米爾斯是據《星槎勝覽》的馮承鈞校注本翻譯的。馮承鈞點校注釋的本子初由商務印書館 1938 年初版，後由中華書局 1954 年重印。這是今天最常見也是學界最愛用的本子。馮注本《星槎勝覽》正文分三部分，即明羅以智本、紀行詩和明紀錄彙編本。這三部分內容大同小異，但文字略有出入。它們可互證互補。米爾斯翻譯時只譯了第一部分即馮承鈞點校了的羅以智本的文字。這種選擇是正確的，很好理解的，合乎情理的。因為後兩部分與前一部分的絕大多數內容是重複的。

該書的英譯部分我認為是米爾斯這位英國老一輩著名漢學家的天鵝之歌。何以見得呢？我們知道中國古籍使用的文語既有言簡意賅、簡明扼要的優點，有時又有意思模糊、不完整、模稜兩可的缺點。有的地方對一般讀者來說還有只可意會，不可言傳，不便翻譯的神秘和晦澀。故翻成白話或外語時不得不有所增刪補充注解。米爾斯對《瀛涯勝覽》的英譯不僅做到了信達雅，而且根據中國古籍文言的特點，有所添加，用括弧括住。這樣便既忠實於原文，又使文句通順完整；既便於一般讀者閱讀，也利於學者研究。下面我們試析兩例。費信《自序》有云：「且家貧而陋室，志篤而好學，日就月將，偷時借書而習讀。年至二十二。」米氏譯為：〔My〕family was poor and our home was mean, but〔my〕 will was genuine and I was fond of learning.〔So,〕 as the days and months went by, I secretly took time to borrow books and read;〔in this way, I had improved my self when〕 I commenced 〔my〕 twenty-second year（P.29）。這裡添加的 my、so 使行文流暢符合英語的規範，所添加的「這樣我就提高了自己……」一句既使意思更完整，便於閱讀，又利於學者研究，還隱喻暗示了為什麼他作為一個士兵能被「選往西洋，四次隨從正使太監鄭和等至諸海外」（《自序》）；以及他為什麼能寫成此書。又如，《星槎勝覽》前集《剌撒國》有「數年無雨，鑿井絞車，羊皮袋水」一語。米氏譯為：〔Sometimes〕it does not rain for several years. They bore wells and 〔draw water〕 with cog-wheels; goat skins serve as pouches for water（P.72）。這裡添加增補為「〔有時〕數年無雨，（人們）鑿井（用）絞車〔汲水〕，〔用〕羊皮袋（裝）水」（圓括弧為我加），便使文句清楚流暢，符合規範，易於理解。

由上可見，米爾斯博士對《星槎勝覽》的英譯，品質堪稱上乘一流，確為佳譯。特別是他適當使用的添加增補並用括弧括出的作法，很值得我們總

結，並在英翻漢、漢翻英和推而廣之的外譯漢漢譯外時學習借鑒。

米爾斯的英譯本除了做到了信達雅，有時還有一點研究性。我們試析一例以見其實。《星槎勝覽》前集《榜葛剌國》講當地產「……糖蜜、酥油、翠毛、各色手巾……」（第 41 頁）。同書後集《眞臘國》也說當地產翠毛。翠毛是什麼，馮承鈞未注，常見的語言詞（辭）典未收，讀者一般並不知曉。米爾斯把翠毛譯成「翠鳥羽毛」（Kingfisher feathers）（P.77, P.83），意思一下就清楚了。這種研究性在他翻譯《瀛涯勝覽》時也有體現（後要提及其中的「擠機」一例）。

三、寓研於注很見功力的注釋

《星槎勝覽》的費信自序，費信自編前後集目錄，前後集正文在譯注本共有 105 頁（完全空白頁不計）。其中，正文長於注文的有 19 頁，正文注文對半分的有 15 頁，正文短於注文的有 43 頁（按實際字數算或按西方所說的印刷符號算）。可見，注文是大大超過正文了。考慮到注文中大量使用縮寫符號（後面附錄有縮略語表），注文超過正文（米爾斯譯文）的幅度實際上還要大於 43（注＞正）：19（正＞注）：15（正＝注）這個比例。普塔克的注釋共372 個（其中自序 16 個，費編前集目錄 7 個，前集正文 227 個，費編後集目錄 2 個，後集正文 120 個）。這些注釋涉及到方方面面，以中國史學工作者的眼光視之，其性質有些屬於知識性的，有些屬於介紹性的，有些屬於綜述性的，也有不少屬於研究性的考證性的創造性的，超過了彌補了中國史學界的研究（這裡「有些」既指一些注釋，又指有的長注的內容既有知識性的，又有評述性的，還有研究性的）。下面我們試評幾個關於鳥類和地名的研究性注釋（或帶有研究性內容）。

《星槎勝覽》前集《爪哇國》記有一種鳥，「其倒掛鳥身如雀大，被五色羽。日間焚香於其傍（旁），夜則張羽翼而倒掛，張尾翼而放香」（馮注本第14 頁）。該條紀行詩曰：「倒掛夜分香」。同條紀錄彙編本亦有大同小異的記載，現僅將略有不同者引出：「日間焚好香，則收而藏之羽翼間；夜則張尾翼而倒掛以放香」（同上第 16 頁）。倒掛鳥馮承鈞未出注。明馬歡《瀛涯勝覽·爪哇國》也提了一句「奇禽有……倒掛鳥」（中華書局馮承鈞校注本第 10 頁），馮亦未注。明鞏珍《西洋番國志·爪哇國》也提了一句「土產……倒掛鳥……之類」（中華書局向達校注本第 7 頁）。倒掛鳥今天叫什麼鳥在現代動物學中

是什麼鳥，據我所知國內學界還無人對此做過研究考證。而普塔克注出，倒掛鳥大概是情侶鸚鵡（Love-bird，一種小鸚鵡）或長尾（小）鸚鵡（parakeet）。他還指出，關於倒掛鳥的類似的描寫可以在清初順康間屈大均的《廣東新語》和清康乾時印光任、張汝霖的《澳門記略》等書中找到。他還請讀者參閱他對此的詳注，見他的《〈廣東新語〉注釋》一文（Notes on the Kuang-tong hsin-yü,PP.144～145），全文載《路易士·卡莫伊斯研究所集刊》（Boletim do Instituto Luis de Camões）總第 15 卷，1981 年 1～2 合期第 136～148 頁（《星槎勝覽》英語譯注本，P.48,P.125）。

我手頭、我所在的城市沒有那種《集刊》，恐怕全中國也沒有。故我們無法拜讀普塔克對倒掛鳥的詳考。但我們至少可從普注中獲知，倒掛鳥是一種小鸚鵡。我們還可以根據他提供的線索，查閱《廣東新語》和《澳門記略》，看他判斷考定得怎樣。《廣東新語》卷 20 所記述的倒掛鳥內容很豐富，我們在此擇要引之：「澳門有西洋鸚鵡……皆來自海舶……以其如嬰兒之學母語，故曰鸚鵡。鵡作䳵者，誤也」（《廣東新語》卷20《禽語·鸚鵡》，上海古籍出版社出版《續修四庫全書》，第 734 冊第 722 頁）。又專門記載：「倒掛鳥喜香煙，食之復吐；或收香翅內時，一放之氤氳滿室。頂有黃茸，舞則茸開。……輒自旋轉首足如環以自娛。入夜必倒掛籠頂，兩兩相併，亦能言。身嫩綠色，額大青，胸間有朱砂一點。（體）小如鷦鷯。……其出西洋國至澳門者，以銀十字錢四五枚可易。……皆鸚鵡之族也」（同上）。《澳門記略》卷下日當時澳門城一帶的番夷養有一種倒掛鳥，而它對倒掛鳥的描述基本化自《廣東新語》，但很簡略：「倒掛鳥身嫩綠色，額青，胸前一朱砂點。頂有黃茸，舞則茸開。每收香翅中時，一放之氤氳滿室。又輒自旋轉手足如環以自娛」（《澳門記略》卷下《澳番篇》，上海古籍出版社出版《續修四庫全書》，第 676 冊第 711 頁）。根據以上的記述，我們可以得出幾點認識。一、《星槎勝覽》、《瀛涯勝覽》、《廣東新語》、《澳門記略》所記之倒掛鳥是同一種鳥；二、普塔克把它考定為一種小鸚鵡屬於新創，正確可信；三、普塔克教授鑽研之深，涉獵閱讀之廣，造詣之高令人欽敬。下面的評析還將繼續證明我在這裡的第三點評論。

《星槎勝覽》前集《舊港》提到一種鳥：「地產……並鶴頂之類」（馮注本第 18 頁）。同條紀錄彙編本也有此語。同書《蘇門答剌國》條也提到該國「產鶴頂」（第 23 頁）。此外《龍牙犀角》條、《阿魯國》條均提及其國產鶴

頂（鳥）。鶴頂鳥為何鳥，馮承鈞未注出。同時代馬歡《瀛涯勝覽・舊港國》記述該鳥較詳：「鶴頂鳥大如鴨，毛黑，頸長，嘴尖。其腦蓋骨厚寸餘，外紅裏如黃蠟之嬌。甚可愛，謂之鶴頂。堪作腰刀靶（把）鞘、擠機」（馮注本第17～18 頁）。馮承鈞這裡也沒出注，只括注了一個外語詞 buceros。但大中型的英漢詞典（鄭易里主編《英華大詞典》修訂第二版，葛傳槼等《新英漢詞典》）、拉漢詞典（謝大任主編《拉丁語漢語詞典》）和《法漢詞典》（編寫組編上海譯文出版社出版）並未收此詞，所以馮君實際上並未注出鶴頂鳥在現代動物學中叫（是）什麼鳥。同時代鞏珍《西洋番國志・舊港國》記述該鳥既有類似之處，又有超出更詳的內容。現引出後面的差異並超出部分：「腦骨厚寸餘，外紅內黃如蠟，嬌潤可愛。其嘴之尖極紅，但作腰帶鉤環。鋸解腦骨作坯，卻刮取嘴尖之紅，貼為花樣，以燒熱鐵板鉗合成塊，任意製造。亦可作刀靶（把）、擠機之類」（《西洋番國志》中華書局向達校注本，第12 頁）。向達先生這裡也沒出注，講明鶴頂鳥現代叫什麼鳥。據我所知，當代的中國學者也沒有誰注明該鳥現今叫何鳥（附帶說說，由此可見，當今的鄭和下西洋研究宣傳性的重複性的不少，紮實的深入的不多）。而普塔克卻注出：「鶴頂」很可能是盔犀鳥（Rhinoplax Vigid, Helmeted Hornbill, 前拉丁後英語）、或雙角犀鳥（Buceros bicornis, Great pied hornbill）的贅生物（excrescence）（參鄭作新等編：《世界鳥類名稱》第二版，科學出版社 2002 年）。這就是說普塔克注明了鶴頂鳥是——種犀鳥。鳥類專家指出，犀鳥為珍禽，可供觀賞。「在東南亞一帶被人們視為吉祥之物。而它的盔特形似象牙，可供做工藝品」（《中國大百科全書・生物學卷・犀鳥科條》）。這便印證了馬歡鞏珍說該鳥的頭骨、嘴喙可做刀柄劍鞘上的螺鈿一類裝飾物的記載。據此可見普塔克注得正確，頗有價值。普塔克引米爾斯翻譯劍橋 1970 年出版的《瀛涯勝覽》英譯本（英語譯名見前），說明其頭骨「堪作腰刀靶（把）鞘、擠機」（《星槎勝覽》英語譯注本，P.52）。普君這裡實際上還注出了米爾斯和他認為「擠機」是弓箭手的指環（archer's rings），即射箭時戴在手指上用於拉動弓弦保護手指的指環－戒指。它可以保護手指以免被弓弦勒疼，類似於今天射箭運動員戴的護指手套，簡稱指套。這也是很有見地的。

下面我們再看兩個重要地名。

《星槎勝覽》後集有《竹步國》條，言：「此地產獅子、金錢豹，駝蹄雞有六七尺高者，其足如駝蹄」（指鴕鳥）（第 20 頁）。馮承鈞對竹步國只注出

其兩個對應的西文地名 Jubb、Jobo。常見的《外國地名譯名手冊》（商務印書館 1983 年版）、集體編《世界地名詞典》修訂版（上海辭書出版社 1996 年版）等書沒有收這兩個西文地名。所以，馮承鈞並未注明竹步（國）今在何地。同時代同性質的《瀛涯勝覽》、《西洋番國志》等未設立此條目。中國學者根據「竹步國」條之前是「佐法兒國」條（Zufar，今阿拉伯半島東南部阿曼國的南部沿海地區），之後是「木骨都束國」條（Mogadisho，今東北非索馬里國首都海港城市摩加迪沙），又據《星槎勝覽·竹步國》說該國「其處與木骨都束山地連接。……男女拳（鬈）髮」（第 20 頁），再據當地產獅子、鴕鳥等，一般認爲竹步國（地區、城市）在今索馬里。不過熟悉非洲史的學者一般知道，竹步國的版圖疆域絕不可能等同於或相近於今天的索馬里國。它只應是索馬里國一帶的一個地區、一個小國、一個城邦、一個港市等。所以，只說竹步在今索馬里還遠遠不夠。查今天的大型世界地圖，可知索馬里國最南部有下朱巴州（瀕海）、中朱巴州（不瀕海）、朱巴河（向南流經下朱巴州入海）、港口城市瓊博（朱巴河入海口。參《最新世界地圖集》第 60 圖，中國地圖出版社 1990 年版）。所以，我在我的有關論文和講課中就把「竹步國」詮釋爲今索馬里的朱巴州和朱巴河下游地區。但心中仍不踏實。

普塔克對該地做了長注，明確指出，它在索馬里的朱巴河（the Giuba River）河口附近。並在書末的《費信所述之地點》一圖中明確標出。普塔克注出的 Giuba《外國地名譯名手冊》收錄。所以，普塔克對該地名的研究就比中國學者（包括我）都更深入細緻了一步，同時也使我對這個問題的擔心釋然。

《星槎勝覽》前集有《剌撒國》條。文中與其地望方位有關的記載爲：「自古里國順風二十晝夜可至。其國傍海而居，……牛羊駝馬皆以海魚乾啖之。……男女拳（鬈）髮，……與忽魯謨斯（一般認爲指伊朗霍爾木茲（Hormuz）海峽地區）同。地產龍涎香、乳香、千里駱駝」（第 38 頁）。馮承鈞注出其西文名爲 al-Aḥsa，但又打個問號表示疑問。注文中又說可能是指波斯灣中之 al-ḥsa。這兩個西文地名，《世界地名詞典》、《外國地名譯名手冊》等書並未收入。所以，馮注還是沒有明確注出剌撒國今在何處。《瀛涯勝覽》、《西洋番國志》均未設立剌撒國條。《明史》卷 326《外國傳》有剌撒國條，曰：「剌撒，自古里順風二十晝夜可至。永樂十四年遣使來貢，命（鄭）和報之。後凡三貢，皆與阿丹、不剌哇諸國偕。宣德五年，（鄭）和復齎敕往使，竟不復貢」。張星烺認爲很可能是阿拉伯半島東部波斯灣南岸的阿爾哈薩（El-Hasa）（《中

西交通史科彙編》第二冊第 940 頁，中華書局新版）。查大型世界地圖，那一帶並無「阿爾哈薩」一地一名。原來 El 係阿拉伯語冠詞，並非地名的前一部分。故 El-Hasa 應譯爲哈薩。所以張星烺亦未注出剌撒今爲何地。即使只看後半截，今阿拉伯半島東部波斯灣南岸沙特阿拉伯沿海有哈薩綠洲（《最新世界地圖》第 36 圖）。但地望不對，方位不合。《鄭和航海圖》第 37～38 圖（中華書局向達校注本）阿丹以後（以東）、佐法兒以前（以西）標注出剌撒這個地名、國家），向達猜測其爲 Ras Sharwein 的對音（同上，第 26 頁）。但《外國地名譯名手冊》、《世界地名詞典》等書並沒收此地名，故向達仍未注明剌撒今在何地。普塔克在此做出一個長注，認爲剌撒最可能是今也門哈德拉毛海岸（Hadramaut coast）的穆卡拉角（Ras Mukalla）。並論證說因爲費信提到了當地產乳香，這是剌撒在哈德拉毛海岸的一個證據。他還在書末的地圖中準確標出剌撒所在地。

我以爲剌撒最可能在也門東南部哈德拉毛地區穆卡拉港市的看法比較合理正確。查《最新世界地圖》第 36 圖，也門部分確有哈德拉毛地區，該地區有穆卡拉港市。特別重要的是，據《鄭和航海圖》，剌撒介於今阿曼佐法兒也門亞丁（阿丹）之間。因此把這個地方鎖定爲穆卡拉港便再合適不過了。再說還有當地產乳香等旁證。所以，普塔克的對該地名的鑽研定位比中國學界學者前進了一大步。

總而言之，《星槎勝覽》英語譯注本是當今西方漢學界漢學研究的一本新力作，它對堪稱佳譯力注妙編這一評價當之無愧。我們祝賀它的完成和出版。普塔克教授作爲西方漢學界中西交通史領域的領軍人物之一正在主持編纂出版「南中國與沿海的亞洲」叢書，並已出了好幾本，而且將繼續進行下去。其中有一本便是他個人的專題論文集《中國和亞洲的海洋——貿易、遠行和對他國人的看法，1400～1750 年》（China and Asian Seas－Trade, Travel and Visions of the Other，1400～1750），收入他該方向的英語、德語論文十四篇（筆者曾寫有《〈中國和亞洲的海洋〉簡介》一文，刊於《鄭和研究》2004 年第 2 期。不過那時我並不認識普塔克博士）。我們也預祝這套叢書進展順利，不斷成功，影響日大。

主要參考文獻

1. Fei Hsin: Hsing-Ch'a Sheng-Lan, The Overall Survey of the Star Raft,

Translated by J.V.G. Mills, Revised, annotated and edited by Roderich Ptak, Harrassovitz Verlag · Wiesbaden, 1996.

2. 〔明〕費信：《星槎勝覽》，馮承鈞校注本，中華書局 1954 年版。

3. 〔明〕馬歡：《瀛涯勝覽》，馮承鈞校注本，中華書局 1955 年版。

4. 〔明〕鞏珍：《西洋番國志》，向達校注本，中華書局 2000 年新版合訂本。

5. 〔明〕佚名：《鄭和航海圖》，向達校注本，中華書局 2000 年新版合訂本。

6. 張星烺編注：《中西交通史料彙編》，中華書局 2003 年新版。

7. 地名委員會編：《外國地名譯名手冊》，商務印書館 1983 年版。

8. 編輯部編：《最新世界地圖集》，中國地圖出版社 1990 年版。

9. 陳作新等編：《世界鳥類名稱》第二版，科學出版社 2002 年版。

10. 〔清初〕屈大鈞：《廣東新語》，《續修四庫全書》第 734 冊，上海古籍出版社。

（原載《鄭和下西洋研究》2006 年總第 3 期，中國國際經濟文化交流雜誌社。）

The New Work of Studying Zheng He's Sailing to Western Ocean in Western Sinological Circle—the Hsing-Ch'a Sheng-Lan in English Translation Edition with Commentaries

Abstract

The Hsing-Ch'a Sheng-Lan in English translation edition with commentaries, which is translated by the British sinologist J.V.G.Mills, revised, annotated and edited by the German sinologist Roderich Ptak, is a new fruit of the western sinological circle. This book includes Ptak's introduction, Mills' translation as the next, Ptak's annotations which surpasses the next enormously in length and a several appendices edited and made by him and so on. The Mills' translation adds a little to the original and brackets them according to the characteristic of the classic Chinese used in the ancient books. So it is true to the original as well as makes the sentences smooth and the meaning clear. Thus it reaches truth, smoothness and elegance（Xin Da Ya）. Ptak's commentaries are both of the natures of knowledge and review, and of the natures of rather research and creation. For instance, he verifies the Daoguaniao（the bird hung upside down）as a small parrot and locates the country of Lasa round the city-Mukalla on the Hadramaut coast of Yemen. Therefore, this book may be rated as a good translation, a convincing annotation and an excellent arrangement.

Keywords: Fei Xin's Overall Survey of Star Raft, J.V.G.Mills' English translation, R.Ptak's annotations, A good translation, a convincing commentaries and an excellent arrangement.

交響音樂民族化中國化的一塊里程碑
——聽大型民族交響樂《鄭和下西洋》

　　我是一個音樂愛好者，兒童時代愛拉二胡，少年和青年時代愛拉小提琴。2002 年 10 月 19 日在南京聆聽了由香港著名音樂家郭迪揚先生作曲作詞並指揮，由臺北市市立民族樂團和臺北市合唱團演奏演出的大型民族交響樂《鄭和下西洋》（約 70 分鐘）。聽後很有感受，滿腹胸臆。首先熱烈祝賀他們創作演出成功!

　　我們知道，交響樂是一種比較複雜、豐富、高雅的音樂表現形式。有陽春白雪曲高和寡的問題，因此也有民族化、中國化的發展需求。在這方面我們已有成功的先例，已初步開闢了道路。上個世紀 60 年代後半期至 70 年代，在中國大陸有一部非常轟動、大家非常熟悉和喜愛的現代交響樂《沙家濱》。它用西洋管弦樂隊演奏，以革命現代京劇《沙家濱》的唱腔音樂為基礎改編擴展，每一樂章都有一段京劇唱腔（似也可曰唱歌）。這部交響樂在當時特殊的歷史環境下取得了巨大的成功。第二部是 20 世紀 70 年代末十分轟動至今仍很受歡迎的《長征組歌》。《長征組歌》雖是大合唱，但它的器樂演奏部分佔了總演出時間的約四分之一，故也帶有交響樂的成分。不過《沙家濱》和《長征組歌》均是用西洋管弦樂隊演奏。所以據我有限地所知，郭先生的《鄭和下西洋》是迄今用民族管弦樂隊演奏的最成功的民族交響樂作品之一。這標誌著我們在交響樂民族化中國化的道路上又前進了一大步，甚至可以說豎起了一塊里程碑。所以我祝願他再接再厲，更上層樓。

　　此外，我還有兩個小建議，供郭先生和港臺的音樂家們參考。第一，《鄭和下西洋》共分《航海》、《異國風情》、《海戰》、《英名傳頌》四樂章。其中只有第四樂章有一首大合唱。建議在前面幾章中添寫兩首歌曲，一首女聲獨唱，一首男聲獨唱。女聲獨唱可以是小調式民歌式的。男聲獨唱可以是比較抒情的男高音。在交響樂中加上一點歌曲更適合中國人的欣賞需求，更有助

於音樂曲調及主題的表現和傳誦。例如前面提到的現代交響樂《沙家濱》和有交響樂成分的《長征組歌》，因有大量的歌曲（唱腔），所以至今仍在傳唱。又如，70 年代中期的故事片《南海風雲》（描寫 1974 年初我國和南越偽軍西洋之戰的故事）。那裡面的電影插曲、男女聲二重唱《西沙，——可愛的家鄉》，描繪南海風光。歌曰：「哎羅……在那雲飛浪卷的南海上，有一串明珠閃耀著光芒，綠樹銀灘風光如畫，遼闊的海域無盡的寶藏。西沙，……祖國的寶島，我可愛的家鄉。……哎羅！」（蘇圻雄詞，呂遠曲）既婉轉又激情，既昂揚又繾綣。至今似乎仍在聽過的人們中餘音繚繞。這些成功的範例值得郭先生借鑒。

第二，據我和郭先生聊，他的第二樂章《異國風情》只譜寫了泰國、馬來西亞、印尼、錫蘭（斯里蘭卡）四個國家的風情。建議再補寫印度、阿拉伯－伊斯蘭、東非三個國家和地區的風情。因為這三個國家和地區都是鄭和船隊多次到過的地區，也是歷史、地理、民族、文化比較獨特的地區，還是音樂很發達很有特色的地區。大而言之，還是有代表性的文明興盛的地區，即印度（教）文明、阿拉伯－伊斯蘭文明（順便說說鄭和還是伊斯蘭教徒）和黑非洲文明。例如印度，我們常看印度電影，對印度音樂是有所領悟的。又如，阿拉伯－伊斯蘭音樂也是很優美很有特色的，中國新疆的少數民族音樂便受其影響。再如，黑非洲的音樂也有個性。六七十年代時我們很強調支持非洲人民的反帝反殖鬥爭，對非洲的民族音樂也有一點印象，諸如熱帶草原的戰鼓聲（不由得令人想起「漁陽鼙鼓動地來，驚破霓裳羽衣曲」的詩句），原始部族的吼叫聲，國家自然保護區中動物群鳥群的嘶鳴聲，等等。

上述三個國家和地區都在印度洋沿岸。是故，也可考慮把第二樂章改寫擴展為《太平洋海域風光》，《印度洋海域情調》兩個樂章。這樣就要把錫蘭－斯里蘭卡調到《印度洋》樂章了。

如此，鄭和船隊到達了亞非 30 多個國家和地區、太平洋印度洋兩大洋的豐功偉績可得到更好的表現，也更適合聽眾欣賞和審美的心理。

以上芻蕘，僅供參考。倘被採納，則屬所見略同，不勝榮幸矣。

最後由衷祝願郭迪揚先生永葆藝術青春，衷心感謝江蘇省鄭和研究會為研討會活動豐富多彩而付出的辛勤勞動。

（原載《鄭和研究》2003 年第 1 期，2012 年 4 月小改）

迻譯《瀛涯》信達雅，研究「西洋」功力深〔註1〕——英國漢學家米爾斯的英語譯注本《瀛涯勝覽》評介

提　要

　　英國現代漢學家米爾斯著述宏富，並集中在漢學尤其是鄭和下西洋和東方學。其最重要的論著之一便是明初馬歡《瀛涯勝覽》的英語譯注本。該書系這本記述下西洋事蹟的最重要史籍的第一個西方（歐美）語言的譯本，向西方讀者推薦介紹了並為西方世界引進了該書。米氏英譯本的第一大優點便是譯文做到了信達雅。其第二大優點便是很有研究、考證、辨析等，有的超過了中國學者。這些學術成果體現在它的眾多注釋中。其第三大優點為，該書還是研究馬歡書和鄭和下西洋的一本學術專著。

　　關鍵詞：漢學家米爾斯；下西洋；《瀛涯勝覽》；英語譯注本；優點和貢獻；

〔註1〕本文受九八五工程四川大學「區域歷史與民族」創新基地資助。

在 2005 年紀念鄭和首下西洋 600 週年的頻繁學術會議暨活動中，我結識了英國劍橋大學沃爾夫森學院（Wolfson College）白人漢學家程思麗博士（Dr. Sally K Church）。她會後寄送我一本她的同胞英國漢學家米爾斯的英語譯注本《瀛涯勝覽》，並囑我寫篇書評。我答應下來，並在教學科研寫作時經常翻檢查閱，受益良多。但一直沒有安排出一段集中的時間來寫出書評，便拖了下來。如今我的專題論文集《鄭和下西洋研究論稿》即將付梓。按設計和規劃書中應有這篇書評；鑒於該書問世四十多年學界一直沒有一篇關於此書的書評，加之國內又新出了萬明研究員的《瀛涯勝覽校注》，這就顯得更加需要這篇書評了。於是我才不得不放下其他工作，抽出漫長暑假中的一大段完整時間，集中精力寫出這篇書評。雖有急就章之嫌，但也是長期醞釀和思考之作。

一、米爾斯的生平事蹟和學術成就

約翰·衛維恩·戈特利布·米爾斯（John Vivian Gottlieb Mills, 1887～1987），一般簡稱米爾斯（J.V.G. Mills）或米爾斯博士。他出生於一個英國皇家海軍軍官家庭，牛津大學畢業。24 歲時任職於馬六甲海峽拓居地，當選為當地政府華人方的官員，並去廣東待了兩年，學習漢語。返回新加坡後，他結了婚，奉派帶領一批廣東華工到聖誕島（今澳大利亞）做工採掘磷酸鹽。從此米爾斯喜歡上了中國傳統的造船術航海術製圖術等〔註1〕。在以後漫長的歲月裏，他的職業是殖民地官員和法官，出任過海峽拓居地大律師、首席檢察官、新加坡和柔佛海峽的法官。1940 年他 53 歲時便早早退休，去澳大利亞在首席檢察官官署工作了一陣，便回到英國，在一所學校教了一年的中國法律。結髮妻子逝後，米爾斯移居瑞士住在萊芒湖地區，在那裡他續了弦。他的新妻子也熟悉和喜歡中國藝術，這對於他的漢學研究有很大幫助〔註2〕。米爾斯年近 40 時加入皇家亞洲學會馬來亞分會，並當選擔任過分會主席，1945 年在倫敦加入總會。

米爾斯一生著述宏富，並集中在漢學尤其是鄭和下西洋和東方學。主要著作有英語譯注本《瀛涯勝覽》，英語譯注本《星槎勝覽》〔註3〕，《〈武備志〉

〔註 1〕cf.D.V.D.：J. V. G.Mills, 載 Journal of the Royal Asiatic Society（New Series），1987, Vol.119,1ssue 2, PP.308～309.

〔註 2〕cf.D.V.D.：J. V. G.Mills, 載 Journal of the Royal Asiatic Society（New Series），1987, Vol.119, Issue 2, PP.308～309.

〔註 3〕Hsing-Ch'a Sheng-Lan, The Overall Survey of the Star Raft, Wiesbaden,1996。該

地圖中的馬來亞》（Malaya in the Wu-Pei-Chi Chart〔i.e. the chart contained in the work of that name by Mao Yüan-i〕, Singapore, 1937）〔註4〕，《（馬六甲）海峽拓居地的輔助法規，在（東印度）公司條令下的立法》（The Subsidiary Legislation of the Straits Settlement, Enacted under the Companies Ordinance, Singapore, Govt. Printer, 1932），簡稱《海峽拓居地》（Straits Settlement），《（葡人）艾瑞利亞所描述之馬六甲、南印度和中國》〔註5〕〔註6〕。由此可知米爾斯還熟練掌握了葡語。

1987年，期頤高壽的米爾斯溘然逝世，享年100歲。

二、英語譯注本《瀛涯勝覽》的結構和特色

該書全名 Ying-yai Sheng-lan, The Overall Survey of the Ocean's Shores，故似可回譯為《大洋沿岸全觀》〔註7〕。由米爾斯據馮承鈞校注本〔註8〕翻譯，並寫導言、做注釋、編附錄。該書列入哈克路特學會補編叢書第四十二冊（米氏曾任該會名譽幹事），由劍橋大學出版社1970年出版。書寬16釐米、長23釐米，比大32開稍大一點，精裝本。全書共412頁，有12幅插圖（地圖和圖畫），1幅較大的附圖（地圖）。全書篇幅大致相當於三十多萬漢字。據悉，米爾斯為完成這項工作前後耗費了十五六年〔註9〕。這本書也為他在83歲的高齡掙得了文學博士學位〔註10〕。

該書大體分三大部分，第一部分的主要篇章有「前言」、「鄭和及其歷次遠征」、「馬歡及其著述」。第二部分的主要篇章便是《瀛涯勝覽》的英譯和注

書由德國慕尼克大學當代漢學家普塔克博士（Dr. Roderich Ptak）整理、做注、編輯。由德國威斯巴登市哈拉索維茨出版社（Harrasowitz Verlag）1996年出版。

〔註4〕按，該書分別出同名專著和同名地圖冊。

〔註5〕據葡萄牙語本翻譯和做注，按，原書出版於1613年。Eredia's Description of Malaca, Meridional India and Cathay, pl. VI, 1930; Kuala lumper, Malaysia,1997.

〔註6〕以上米爾斯論著目錄參 Mills, J. V. G.（John Vivian Gottlieb）1887～1987，http://www.worldcat.org/wcdentities/lccn-n 97-16308.

〔註7〕J.V.G. Mills：Ma Huan Ying-yai Sheng-lan, The Overall Survey of the Ocean's Shores [1433], Cambridge University Press for the Hakluyt Society, 1970。

〔註8〕明馬歡著、馮承鈞校注：《瀛涯勝覽》，商務印書館1935年版，中華書局1955年再版。

〔註9〕cf.D.V.D.：J. V. G.Mills, 載 Journal of the Royal Asiatic Society（New Series），1987, Vol.119, Issue 2, PP.308-309。

〔註10〕cf.Ibid..

釋，它們共計 104 頁，是全書的主體和核心部分。第三部分的主要篇章有「中國（人）在南亞 1433」、「茅坤的地圖」、參考文獻、索引等。所以，該書的一大優點和長處便是，它不僅僅是《瀛涯勝覽》的英語譯注本，它同時還是研究馬歡書和鄭和下西洋的一本專著，是集譯著、專著、工具書、原始資料書於一體的綜合性專著。當然，囿於本文主題和旨趣，我們主要評介該書的核心部分《瀛涯勝覽》英語譯注本。

米氏英譯本的首要意義便是擔當了馬歡《瀛涯勝覽》這本記述下西洋事蹟的最重要史籍的第一個西方（歐美）語言的譯本，向西方讀者推薦介紹了並為西方世界引進了該書。因為在此之前，據我所查，還沒有任何一種西方語言或歐美語言的該書譯本，包括英、法、德、意、西班牙、葡、荷、俄、其他東歐語、瑞典、其他北歐語、希臘、拉丁語等。

米氏英譯本的第二大優點和長處便是譯得好，做到了信達雅。比如，詩詞是最難翻譯的，有的譯家甚至認為詩不可譯。《瀛涯勝覽》正文前有馬歡創作的長篇古體詩，描寫下西洋之概況，抒發下洋將士之豪情，記述所見異域之風情……其中開頭有兩句為：「鯨舟吼浪泛滄溟，／遠涉洪濤渺無極」〔註11〕。米氏譯為：His giant ship on the roaring waves of the boundless ocean rode; /afar, o'er the rolling billows vast and limitless, it strode〔註12〕。末尾有兩句：「舟行巨浪若遊龍，／回首遐荒隔煙霧」〔註13〕。米氏譯為：O'er waves like swimming dragons huge 〔the envoy's〕 vessel rides; /he turns his head back, mist and fog the distant desert hides〔註14〕。譯者譯時儘量照顧了詩中的押韻、對仗、平仄、工整等要素。懂英語的讀者看了譯文並多誦讀兩遍，便能領會米氏的譯文理解準確、構思巧妙和匠心獨運。比如後兩句中的「舟」，米氏譯成「大船」，並加方括號說明係「使節（乘坐）的大船」，以便於西方讀者理解。

還有，馬歡《紀行詩》共 48 句，這在古體詩中是偏長的。但馬歡、馮承鈞皆未分部（或分首、分闋），令人閱讀或吟誦起來喘不過氣來。米氏在編排時分為兩部，以第 27 句「舟人矯首混西東」為第二部的開始〔註15〕。分部可讓讀者緩口氣，米氏的分部大致平衡，在詩意上也有所照顧。故我認為是佳

〔註11〕 《瀛涯勝覽·紀行詩》，第 1 頁。
〔註12〕 J.V.G. Mills：The Overall Survey of the Ocean's Shores, p.73。
〔註13〕 《瀛涯勝覽·紀行詩》，第 2 頁。
〔註14〕 J.V.G. Mills：The Overall Survey of the Ocean's Shores, p.75。
〔註15〕 Ibid,, p.74.

編。順便說說，萬明最新校注本《瀛涯勝覽》對《紀行詩》也未分部。竊以為這裡還是米氏的編排處理好一點。

三、米氏的注釋和寓於其中的研究

米氏譯注本的第三大優點和長處便是很有研究、考證、辨析等，有的超過了中國學者。這些學術成果體現在他的眾多注釋中。其翻譯和注釋都可謂做到了循名責實，辨章學術，考鏡源流。當然這些釋文也是集眾多西方漢學家迄當時為止（1970 年）有關研究之大成的結果。下面我們舉例做些具體的分析評議。

《瀛涯勝覽·暹羅國》載：其國「異獸有白象、獅子、貓、白鼠」（第 21 頁）。我在讀這段時感到詫異，貓怎麼能算異獸呢。可馮承鈞校注偏偏說，「獅子貓不可作一句讀」（第 21 頁），讓人不好理解。米氏在獅子處出注稱，「如果馬歡真的意指獅子，那它們必然是從他國進口的。但是馬氏很可能像馬可·波羅，他很可能是指老虎」〔註 16〕。我們知道，暹羅是泰國的古稱。泰國在地理上屬東南亞，現在不產歷史上也從不產獅。獅今天只產於非洲和印度，歷史上也產於西亞和中亞南部〔註 17〕。但為何馬歡又說暹羅產獅呢。我認為一種可能是這樣。泰國是信佛之國，奉佛教為國教。而獅子是佛教中的動物、聖獸、吉祥物，如佛教中有《獅子吼經》、獅聲觀音、騎獅文殊等〔註 18〕，故在泰國關於獅的傳說、文獻、圖案、形象等較多。致使馬歡誤以為暹羅（盛）產獅，反而把泰國所產（或曾產）的虎（華南虎、孟加拉虎、印支虎〔註 19〕）漏記了。泰國至今仍產印支虎（自然在保護區中）〔註 20〕。還有一種可能便是馮承鈞斷句有誤。在最新的萬明校注本中是這樣斷句的：「異獸有白象、獅子貓、白鼠」〔註 21〕。據此，異獸原來是獅子貓。我認為萬明斷句正確，符合地理環境和動物分佈區劃。可見米氏是最早提出此質疑並推進此認識的。

〔註 16〕 J.V.G. Mills：The Overall Survey of the Ocean's Shores, p.107，N.2.
〔註 17〕 參編輯部編：《世界動物百科》，臺灣廣達出版有限公司，1984 年版，《哺乳動物》卷第三冊，「獅子」，第 44～47 頁。
〔註 18〕 參編輯部編「佛教小百科」第 27 冊《佛教的動物》，中國社會科學出版社 2003 年版。
〔註 19〕 參編輯部編：《世界動物百科》，《哺乳動物》卷第三冊，「老虎」，第 48～51 頁。
〔註 20〕 參《關於老虎的資料》，http://zhidao.baidu.com/question/6892480.html
〔註 21〕 萬明：《明鈔本〈瀛涯勝覽〉校注》，海洋出版社 2005 年版，第 35 頁。

《瀛涯勝覽·滿剌加國》記：其國「果有甘蔗、巴蕉子、波羅蜜、野荔枝之類；菜，蔥、薑、蒜、芥、東瓜、西瓜皆有」（第 25 頁）。該書《蘇門答剌國》再次提到東瓜：「蔬菜有蔥、蒜、薑、芥，東瓜至廣，長久不壞」（第 30 頁）。現代漢語中並無「東瓜」一詞，現實生活中也無東瓜一蔬。那麼它指何菜呢，馮氏均未加注。米氏把東瓜譯解為 gourd-melon，並出注曰：Tung kua 意為「東方的瓜」；這一蔬菜同樣也叫 Tung kua，意為占城的「冬天的瓜」〔註22〕。米氏把後一句譯為：「gourd-melon are very abundant,〔and they keep〕for a long time without going bad」（P.119）。鄭易里《英華大辭典》（商務印書館 1992 年版）第590 頁有一詞組 the white gourd，釋為冬瓜。這大概因為成熟的大冬瓜表面會有薄薄的一層白色的像霜一樣的蠟粉。因此四川有句諺語：霉得起冬瓜灰！比喻倒楣透了。故米氏所譯葫蘆瓜（gourd-melon）便應指冬瓜〔註23〕。那麼，米氏的考證和譯解符不符合農業地理和作物栽培史呢。《辭海》冬瓜條講：冬瓜屬葫蘆科；原產中國南部及印度〔註24〕。而越南（占城所在地區）在秦統一後相當長的一段時期內均屬中國南部，大致從五代十國起脫離中國〔註25〕。還有，有家務勞動經驗的人便知道，冬瓜很耐貯，在家裏在常溫下放兩三個月沒問題（不切開），切開後也能放上一周。所以米氏既譯得好（如加方括號使意思完整），又譯出了當時所稱之東瓜便為今日所稱之冬瓜。最新的萬明校注本則把第一句徑直改為「菜有蔥、姜、蒜、芥、冬瓜、西瓜之類」〔註26〕；在後一句中，仍徑直改東瓜為冬瓜〔註27〕，均未出注。故她認同了米氏的譯解。萬明所據的底本有點不同，或許更好。當然，也可能萬明並未細讀米氏的譯注本，而是通過自己的獨立思考與研究，殊途同歸，達到了同樣的高度。不管怎樣她都肯定了米氏的考證。

　　《瀛涯勝覽·蘇門答剌國》有一句：「其國四時氣候不齊，朝熱如夏，暮寒如秋。五月七月間，亦有瘴氣」（第 29 頁）。何為瘴氣，馮氏未注。而中國

〔註22〕 J.V.G. Mills：The Overall Survey of the Ocean's Shores, p.112，N.9.

〔註23〕 按，「冬瓜」當代標準的英譯為 wax gourd；《中國農業百科全書·農業歷史卷》（農業出版社 1995 年版第 50 頁）把冬瓜英譯成 white gourd。它們都與米氏所譯 gourd-melon 接近。不過部頭特大的王同憶等《英漢辭海》也未收 gourd-melon 一詞。

〔註24〕 《辭海》，上海辭書出版社 2000 年縮印本，冬瓜條，第 1007 頁。

〔註25〕 參譚其驤主編：《簡明中國歷史地圖集》，中國地圖出版社 1991 年版。

〔註26〕 萬明：《明鈔本〈瀛涯勝覽〉校注》，第 40 頁。

〔註27〕 同上，第 47 頁。

古代對瘴氣的說法和理解一直模糊不清。《辭海·語詞分冊》釋爲：舊指南方山林濕熱蒸鬱致人疾病的氣。唐張九齡《夏日奉使南海在道中作》「秋瘴寧我毒，下水胡不夷」〔註28〕。米氏也未出注，但直接譯爲：「……moreover, in the fifth moon and in the seventh moon it is malarious」（P.117）。意爲「在五月和七月間有瘧疾發生」。這就把古人所說的瘴氣實爲症狀爲打擺子發高燒的瘧疾（這種按蚊傳給人的病）說清道明了。我們知道，農曆的五月七月大致相當於公曆的六月八月，正爲盛夏，也是各種蚊子（包括瘧蚊－按蚊）活動最猖獗的季節。所以米氏的解讀是有道理和正確的。最新的萬明校注本在瘴氣處出了注，說明「被認爲是流行於亞熱帶潮濕地區惡性瘧疾等傳染病的病源」〔註29〕。可知他們認識相同，但米氏在先。

另外，我感覺米氏在翻譯這句話時過於拘謹。原話「五月七月間」可理解爲「五月（至）七月間」。因爲難以想像同爲夏季的農曆五月七月有瘴氣（瘧蚊），中間仲夏的農曆六月（公曆約七月）反而無瘴氣（瘧蚊）。例如，《西洋朝貢典錄》就說，該國「其秋夏之間多瘴」〔註30〕。所以，竊以爲似可譯爲：「……moreover, in the fifth moon—seventh moon it is malarious」。當然，這只是一己之見，請方家指正。這點拘謹也祇是美玉微瑕。

馬歡在該國又記：「其國風俗淳厚，言語書記婚喪穿拌（扮）衣服等事，皆與滿剌加國相同」〔註31〕。馮氏校注本這裡沒點斷。米氏譯成「Their speech, writing, marriages, funerals, the dress which they wear」（P.119）。故實際上米氏是先點斷再翻譯。萬明最新校注本這裡爲：「其國風俗淳厚，言語、婚喪並男子穿扮衣服等事，皆與滿剌加國相同」（第47頁）。仔細比對可知萬明校注本與馮氏校注本有點差異（應該出於她據的底本有所不同），沒有了書記（writing），穿扮衣服同僅限男子。眾所周知，只要是人便必定有語言，但各國家各地區各民族各部族各部落的人不一定都有書寫的文字。文字一般是在進入階級社會文明時代才會產生。還有，在萬明本中與滿剌加國相同的僅限於男子的衣服穿戴打扮（言外之意似乎女子的不同）。所以，從內容豐富的角度考慮，我覺得在這一段馮本和米氏譯本還好點。

〔註28〕《辭海·語詞分冊》，上海辭書出版社1981年版，下冊第1918頁。
〔註29〕萬明：《明鈔本〈瀛涯勝覽〉校注》，第45頁。
〔註30〕〔明〕黃省曾：《西洋朝貢典錄》卷中《蘇門答臘國》，謝方校注，中華書局1982年版。
〔註31〕明馬歡著、馮承鈞校注：《瀛涯勝覽·蘇門答剌國》，第30頁。

　　馬歡在那孤兒國記有一句：其國「豬羊雞鴨皆有，言語動靜與蘇門答剌國相同。土無出產」〔註32〕。這裡何謂「動靜」。《辭海・語詞分冊》對該詞有四種解釋（或義項），其中有兩種比較靠譜。（1）指人的行止。《漢書・金日磾傳》：「心疑之，陰獨察其動靜」。（2）情況。《三國志・吳志・金韶傳》：「先知動靜，而爲之備」〔註33〕。米氏把這句譯爲：「Their speech and manners are the same as in the country of Su-men-ta-la」（P.121），並出注。我們知道，manner（s）在英語中也有多個義項，其中靠譜的有舉止、習慣、風俗。所以，米氏把「動靜」譯成 manners 既正確，又比馮氏有推進。這一句在萬氏本中爲：「國語動用與蘇門答剌國相同」（第 48 頁），未出注。何謂「動用」，《辭海・語詞分冊》和《辭海・語詞增補本》未收「動用」一詞。《現代漢語詞典》（商務印書館 1997 年修訂本）釋爲「使用」，如動用公款，動用武力等（第 303 頁）。按《現漢》的釋義，則爲「這個國家的語言、使用與蘇門答剌國相同」——似乎不通。當然，萬氏自有她採用稍有不同的底本之理由。而且，米氏在爲這一句出的注中指出，「他們有一些不尋常的風俗；一位托巴（Toba）首領可以擁有八位妻子」〔註34〕。這就爲他把「動靜」譯成 manners 提供了很好的注腳。由上可知，我們且不論米氏做了翻譯，向西方學界介紹引進了馬歡的《瀛涯勝覽》，就以學術研究的眼光視之，米氏的譯注本不僅超出了馮注本，而且在某些方面至今仍領先，比萬氏最新注本也好點。

　　《瀛涯勝覽・錫蘭國・裸形國》記載了一些馬歡見聞的當地關於佛教、佛祖釋迦牟尼的傳說和遺跡：「再三兩日，到佛堂山，才到錫蘭國碼頭名別羅里。自此泊船，登岸陸行。……左有佛寺，內有釋迦佛眞身側臥，尚存不朽，……其釋迦涅槃，正在此處也」（第 35 頁）。馮氏未出注。米氏在譯完此句後出注指出：馬歡這裡搞錯了。佛陀於西元前 483 年逝世於印度（今北方邦境內的）拘尸那伽城（Kusinara）（郊外）。「如此在那裡逝世達到涅槃狀態」〔註35〕。米氏的糾錯非常必要和正確。拘尸那伽城（Kusinara）東晉法顯時代稱拘夷那竭城。法顯《佛國記》稱：該城「城北雙樹間希連河邊，世尊於此北首而般泥洹。及須跋最後得道處，以金棺供養世尊七日處，金剛力士放金杵處，八

〔註32〕　《瀛涯勝覽・蘇門答剌國・附那孤兒國》，第 31 頁。
〔註33〕　《辭海・語詞分冊》，上冊第 460 頁。
〔註34〕　J.V.G. Mills：The Overall Survey of the Ocean's Shores, p.121，N.4.
〔註35〕　Ibid., P.126，N.3.

王分舍利處」〔註36〕。以上所說都暗示和隱喻該地是佛祖釋迦牟尼圓寂涅槃處。而拘夷那竭城便是唐玄奘書中的拘尸那揭羅國〔註37〕。唐玄奘的記載就更加明確和直言不諱：該國城郊乃「如來寂滅之所也。其大磚精舍中作如來涅槃之像，北首而臥。……前建石柱，以記如來寂滅之事。……佛以生年八十，吠舍佉月後半十五日入般涅槃」〔註38〕。所以，關於釋迦牟尼圓寂之地，馬歡照記傳聞不辨，確實搞錯了。這也可理解，因馬歡是個回族穆斯林，對佛教生疏〔註39〕。馮氏對此沒出注說明糾正，是個疏忽。萬明最新校注本只注出「釋迦牟尼逝世亦稱涅槃」（第54頁）；並未注明釋迦牟尼圓寂處不在此地（錫蘭—今斯里蘭卡）而在他地。故在這一點上米氏譯注本在學術上仍優於馮氏和萬氏校注本。

馬歡在柯枝國記述：該「國有五等人，……四等名革令，專與人作牙保」〔註40〕。馮氏為「革令」夾註 kiling，表明「革令」係音譯自該詞。不過常用的中型英漢詞典如鄭易裏《英漢大詞典》、葛傳槼《新英漢詞典》（上海譯文出版社 1981 年版）未收此詞，故作用很有限。但何為「牙保」，馮氏卻未做注。《現代漢語詞典》、《辭海·語詞分冊》、《辭海·語詞增補本》、《辭海》2000年縮印本均未收「牙保」一詞，一般讀者不知其意。米氏譯為「they specialized in acting as brokers for people」（P.133）。這下就清楚了，「牙保」即經紀人、中介人、代理人。《西洋朝貢典錄》這裡記為「四曰革令，是為庸保」〔註41〕。竊以為，這裡「庸保」通「傭保」。米氏的譯法、我的看法是否正確呢。參之萬明校注本，該句為「專與人為牙作保」（第54頁），證明米氏譯解正確。當然，萬氏選用的底本與馮本稍有差異，這自有她的依據。

馬歡於該國又記：「珊瑚枝梗，其哲地（按，「係有錢財主」——馬歡語）論斤重買下，顧倩匠人，剪斷車旋成珠，洗磨光淨，亦秤分量而賣」〔註42〕。這裡「顧倩」何意，一般讀者不清楚。即便能猜到幾分，但也不踏實。而米

〔註36〕 法顯：《佛國記·拘夷那竭國》，文學古籍刊行社 1955 年影宋本。

〔註37〕 參章巽：《法顯傳校注》，中華書局 2008 年版，第76～78 頁。

〔註38〕 〔唐〕玄奘述、辯機撰：《大唐西域記》卷六《拘尸那揭羅國》，廣西師範大學出版社 2007 年版。

〔註39〕 參張箭：《馬歡的族屬和〈瀛涯勝覽〉的地位》，載《西南民族大學學報》2005年第 6 期。

〔註40〕 〔明〕馬歡著、馮承鈞校注：《瀛涯勝覽·柯枝國》，第39頁。

〔註41〕 《西洋朝貢典錄》卷下《柯枝國》。

〔註42〕 〔明〕馬歡著、馮承鈞校注：《瀛涯勝覽·柯枝國》，第41頁。

氏譯為「they hire craftsmen who cut up 〔the stems〕 into pieces……」（P.136）。一下便明白了，所謂「顧債」原來是「雇請」之誤。《西洋番國志》這句作「雇匠製作成珠」〔註43〕，佐證了米氏譯解正確。所以，米氏的翻譯還蘊含著校勘。最新萬明校注本這句為「雇倩匠人剪斷……」（第61頁）。並出校勘記（八）講，倩原作「債」，據說本、淡本改〔註44〕。在這一句上，萬氏的校勘和注釋超過了馮氏，同時又印證了米氏先行一步。

《瀛涯勝覽‧古里國》有云：「西洋大國正此地也。……永樂五年，朝廷命正使太監鄭和等……統領大䑸寶船到彼，起建碑庭（亭），立石云：『其國去中國十萬餘里』」（第43頁）。公認古里即今印度西海岸南部卡利卡特（Calicut，今譯科澤科德一帶），今屬喀拉拉邦。馮氏、米氏、萬氏均予以認同，未出注辨析。但印度西海岸北部孟買以北900公里巴基斯坦的卡拉奇距北京的空中航線僅4800公里，據此可知孟買距北京的空中航線不到4000公里。孟買距斯里蘭卡科倫坡的海上航線約1100海里；科倫坡距廣州的海上航線約3000海里，這樣，孟買距廣州的海上航線合計4100海里〔註45〕。廣州至上海的海上航線約800海里，孟買至卡利卡特（科澤科德）的海上航線約700海里〔註46〕。於是可知，卡利卡特（科澤科德）至上海的海上航線共長約4200海里。1海里≈3.7市里，4200海里合15,540（市）里。明里比今里還稍大一點點，我們可以忽略不計。所以，古里國（印度科澤科德）去中國也就1.5萬（市）里。可馬歡記「其國去中國十萬餘里」，過於誇大。按理，這裡應該出注辨誤，但馮氏未注。米氏譯注本以其注釋多和細、篇幅大和內容豐富見長，但他也照譯不誤，未做任何說明解釋。這不能不說是米氏譯注本中很少見的瑕疵。最新萬明校注本也是如此。

《瀛涯勝覽‧古里國》載：「若寶船到此，全憑二人主為買賣。王差頭目並哲地未訥幾記書算於官府。……」（第45頁）。又云：「……該價若干，是原經手頭目未訥幾計算，該還紵絲等物若干……」（第45頁）。這裡「哲地」已知「係有錢財主」。「未訥幾」是什麼，馮氏夾註出 waligi chitti？但一般中型英漢詞典如鄭易里《英漢大詞典》、葛傳槼《新英漢詞典》未收此詞，故其

〔註43〕明鞏珍：《西洋番國志‧柯枝國》，向達校注，中華書局1961年版。
〔註44〕萬明：《明鈔本〈瀛涯勝覽〉校注》，第62頁。
〔註45〕參《最新世界地圖集》圖版15《世界交通圖》，中國地圖出版社1990年版。
〔註46〕參同上。

注意義很有限。米氏譯注本對此句做如是處理：先用譯音法譯出未訥幾
Wei-no-chi 並加注。在注文中指明，該詞意思是「商人」（merchant）或「會計」
（accountant）〔註47〕。我們像解數學方程那樣把已解出的 X 為商人或會計帶
入式子中去驗算，便平衡了，讀通了。由此可見米氏研究得深，涉獵面廣（因
他還廣泛參考綜合了西方漢學家和東方學家的各種研究成果）。最新萬明校注
本這裡出了注，解釋說未訥幾是管帳（最好寫成管賬）計算之人（第 66 頁），
說明她吸收了米氏等人的成果。

　　……

　　《瀛涯勝覽》米爾斯譯注本的創新求真和推進還很多，堪稱新意迭起，
難以歷述。限於篇幅和精力，我們就在此打住。

　　總之，凡研究鄭和下西洋者，必閱馬歡之《瀛涯勝覽》也；其中凡懂英
語者，愚見也讀讀米爾斯之譯注本，相信會有收穫，大受裨益。

（附識：衷心感謝劍橋大學沃爾夫森學院（Wolfson College）程思麗博士（Dr.
Sally K Church）惠贈米爾斯英語譯注本《瀛涯勝覽》一書。）

〔註47〕J.V.G. Mills：The Overall Survey of the Ocean's Shores, p.140，N.4.

His Translation of Ying-yai Sheng-lan Reaches Correctness, Smoothness and Elegancy, His Research of "the Western Ocean" Embodies the Deep Effort——A Review of the English Translation of Ying-yai Sheng-lan by the English Sinologist J.V.G. Mills

Abstract

The writings of the English modern sinologist J.V.G. Mills are prolific and concentrate on sinology especially on Zheng He's expeditions to the Western Ocean and Orientalism. One of the most important works among them is his translation and annotations of Ying-yai Sheng-lan by Ma Huan in early Ming dynasty. It is the first translation of the western（or European and American）languages of this historical records which is the most important work among the books recording the deeds of Zheng He's expeditions to the Western Ocean. So he recommend, introduced and imported Ma Huan's book for the western readers and world. The first strongpoint of Mills' translation is his interpretation reaches correctness, smoothness and elegancy. The second strongpoint of Mills' translation is rich in study, investigation and discrimination etc., and some of them surpasses the Chinese scholars'. These scholastic achievements embodies its multitudinous annotations. The third strongpoint of Mills' translation is that, it is still a scholastic monograph of researching Ma Huan's book and Zheng He's expeditions to the Western Ocean.

Keywords: Sinologist J.V.G. Mills; Expeditions to the Western Ocean; The Overall Survey of the Ocean's Shores; Its English translation and annotations; Its advantages and contributions

附　錄

論大航海時代及其四個階段

　　大航海、大航海時代是中外學界新近啓用的術語，並有使用越益頻繁之勢。本文探討大航海時代的內涵外延、始末階段、內容特點、主角意義等，以促進學術的發展和繁榮。

一

　　航海，英語作 navigation，俄語作 мореплавание，日語作「航海（こうかい）」，意思就是「駕駛船隻在海洋上航行」（《現代漢語詞典》）。「大」自然是指規模大、範圍大、作用大、影響大。時代則指以某方面某層面的狀況爲依據而劃分的某個時期。大航海時代我以爲應是指 15～17 世紀人類大規模航海、探險、發現、移民的時代。

　　人類的航海活動自古就有，其目的在於捕魚（漁獵）、交通、商貿、運輸、軍事、遷徙等。人類的航海水準和能力也逐步積纍發展，由低到高，由弱到強。到了西元 15 世紀，人類的航海活動在規模、範圍、作用、影響等方面驟然比以往大了許多，且持續了相當長的時期直到 17 世紀末。在這期間文明人類航遍了世界上絕大部分海洋，到達了絕大部分陸地，把分散的世界從海上連成了整體。於是，中外學者們便有了大航海時代這個提法，以強調、概括和體現航海在那個歷史時期的地位和作用。

　　大航海時代的主人公、實踐者和造就者是眾多的航海家和支持他們，爲他們提供條件的人。西方對航海家（navigator）的解釋是：「參加過多次遠航

有技術有經驗的航海者；（特）指早期的探險家」〔註1〕。我覺得這個定義比較好。大航海時代的遠航往往與探險聯繫在一起，與駕駛利用風能海流和人力的帆船聯繫在一起，而現代當代已不再稱某人爲航海家了，因他已不與探險和帆船相聯繫了。鄭和、王景弘、侯顯、費信、馬歡、鞏珍等便是大航海時代的首批傑出航海家，他們不僅多次率船隊遠渡重洋，而且在東南亞、印度洋、東非北部進行了一些探險。

鄭和，明成祖等是大航海時代的開闢者、首創者、奠基人。明成祖下令組建了有史以來世界上最大的遠洋艦船隊。鄭和「統率官校旗軍數萬人，乘巨舶百餘艘，……自永樂三年（1405年）奉使西洋，迨今七次。所歷番國，……大小凡三十餘國。涉滄溟十萬餘里。觀夫海洋，洪濤接天，巨浪如山；視諸夷域，迥隔於煙霞縹緲之間。而我之雲帆高張，晝夜星馳，涉彼狂瀾，若履通衢」〔註2〕。鄭和下西洋的大規模航海活動，擴大和加強了太平、印度二洋之間的海上交通與聯繫，亞非之間的海上交通與聯繫，增進和建立了中國與亞非各國之間的物資交流、人員交往和友好關係，其功昭昭，彪炳史冊。

在鄭和大規模的遠洋航行開始後不久（約十年後），葡萄牙人在亨利王子的組織領導下也開始了沿非洲西海岸向南遠航。葡萄牙人的遠航比鄭和下西洋在規模上小得無比，但他們把航海與探險、發現、商貿、殖民、掠奪、擄人結合起來，因而有經久不衰的驅動力和狂熱勁。在鄭和遠航輟息後（1434年，宣德八年返航後），把大航海的桅燈燃下去，把大航海的風帆繼續掛起來。經過長期的不懈的努力，葡萄牙人先後發現和重新發現了非洲以西大西洋中的亞速爾群島、馬德拉群島、加那利群島、佛德角群島、幾內亞灣的比奧科島等海島，發現了博哈多爾角（今西屬撒哈拉北緯26度處）以南至非洲南端數千公里的西非大陸海岸線，終於在1488年由迪亞士率船隊繞過了非洲南端，從大西洋航入了印度洋。

二

從1405年鄭和首次下西洋到八十年代末迪亞士船隊從大西洋航入印度洋，可視其爲大航海時代的第一階段。從航海的視角出發，我把它概括爲近

〔註1〕 A. S. Hornby：Oxford Advanced Learner's Dictionary of Current English, London, 1974.

〔註2〕 長樂天妃宮石碑：《天妃靈濟之記》，載翦伯贊、鄭天挺主編：《中國通史參考資料》古代部分第七冊，中華書局1988年版。

岸遠洋航行階段。因爲這期間的遠航基本上都是沿海岸或離海岸不遠進行的。雖然也有遠離海岸的時候，但其起點和終點不是某個大洋對著的兩岸，而是同一岸的不同地段。鄭和下西洋的寶船隊和分綜幾次從斯里蘭卡西偏南航，穿過馬爾代夫群島到達了東非北部海岸〔註3〕。一些學者稱之爲橫渡了印度洋。實際上那一帶只是印度洋的西北邊緣，阿拉伯海盆和卡爾斯伯格海嶺的東南邊緣〔註4〕。嚴格地講那只是斜渡了印度洋。儘管如此，鄭和下西洋也比葡人到達離大陸最遠的亞速爾群島更加遠離海岸。從斯里蘭卡到東北非約2800公里，從馬爾代夫到東北非也有2200公里，而從葡萄牙到亞速爾群島僅1400公里〔註5〕。鄭和下西洋離陸地的最遠點爲720海里（摩加迪沙與馬爾代夫群島馬累暖島之間距離的一半），此後葡萄牙人遠離陸地的最遠點僅約 380海里（亞速爾群島東部主島聖米格爾島 São Miguel 至葡萄牙的距離〔註6〕）。所以在遠離海岸陸地方面鄭和船隊也比葡人領先好幾十年。列寧說過：「判斷歷史的功績，不是根據歷史活動家（有）沒有提供現代所要求的東西，而是根據他們比他們的前輩提供了（什麼）新的東西」〔註7〕。到 1498 年達·伽馬率船隊斜渡了印度洋，從東非北部到達了印度，葡人在這方面才趕上了鄭和。達·伽馬返航時在印度洋上遇到了無風和逆風，不見不靠陸地地航行了近三個月（差 3 天）。由於長期吃不到蔬菜水果新鮮食物，海員們都染上了壞血病（維 C 缺乏症），死亡枕藉〔註8〕。壞血病這個遠洋航行的大敵，致命的航海病首次猖獗肆虐起來，直到 18 世紀下半葉才被抑制袪除。

　　1492 年哥倫布率西班牙船隊橫渡大西洋，到達了美洲加勒比海地區並成功返回。這次航行歷時 220 多天，行程往返八千多海里，單向行程四千多海里，不見不靠陸地地一次性航行了 30 多天。至此，大航海時代和遠洋航行事業進入了一個嶄新的階段，我把它界定爲跨洋遠洋航行階段。從此，西、葡、

〔註3〕　見中國航海史研究會：《鄭和下西洋》，第48頁略圖，第51頁略圖，第60頁略圖，人民交通出版社1985年版。

〔註4〕　見《最新世界地圖集》，《印度洋》，《大平洋》：《印度洋》、《非洲地形》，中國地圖出版社1990年版。

〔註5〕　見《最新世界地圖集》，《印度洋》，《大平洋》：《印度洋》、《非洲地形》。

〔註6〕　cf. The Times Atlas of the World, Plate 18, Morocco, Algeria, Tunisia, London, 1985.

〔註7〕　《評經濟浪漫主義》（1897年春），《列寧全集》第2卷，第150頁。

〔註8〕　參《關於達·伽馬航行的佚名筆記》，載郭守田主編：《世界通史資料選輯·中古部分》，商務印書館1981年版。

英、法、荷的船隊頻頻往返於大西洋兩岸，把舊大陸和新大陸緊密聯繫起來。跨洋遠洋航行比近岸遠洋航行在各方面都要困難得多，諸如導航、定位、補給、利用風向和海流、躲避風暴、海員的心理準備和體能消耗、疾病的防治、船舶的維修等等。所以跨洋遠航標誌著人類的航海術和駕馭自然的能力登上了一個新臺階。

　　1519 年至 1522 年，麥哲倫（麥死後是埃爾·卡諾）率西班牙船隊進行和完成了人類首次環球航行。這次遠航從西歐出發，向西橫渡了大西洋，繞過了南美洲，通過了麥哲倫海峽，橫渡了世界上最大的太平洋，穿越了南洋（馬來）群島，基本上橫渡了印度洋，繞過非洲，回到了西歐。麥哲倫環球航行前後歷時整整三年，行程八萬公里（皮加費塔的《環航日記》統計為 14460 里格〔註9〕。每里格約合 5.56 公里，共計約 8 萬公里），經過了世界上的歐、美、亞、非四大洲，四次跨越亦道；東西航過了地球一周 360 個經度，北抵北緯 43 度（特立尼達號返回美洲巴拿馬時所達到的最北點〔註10〕），後又被迫退回摩鹿加群島），南達南緯 52 度（船隊通過麥哲倫海峽時所抵達的最南點），航跡面積達 4.22 億平方公里。航跡面積是筆者受流域面積啟發而創造的一個新概念。航跡面積等於航行途中任何一個方向的兩個最遠點的距離，乘以與這兩點連線垂直的兩個最寬點的距離（計算時須將這兩個最寬點平行移至與兩個最遠點連線垂直的直線上）。對於麥哲倫環球航行來說，其航跡面積為赤道長度 4 萬公里乘以南緯 52 度至北緯 43 度之間的距離 10,555 公里，等於 4.22 億平方公里。

　　麥哲倫環球航行是人類歷史上迄當時為止航程最長、歷史最久、航跡面積最廣的航行。它把 15 世紀初以來大航海時代推進到又一個嶄新的階段，我把它總結為環球遠洋航行階段。首次環球航行證明，地球上無論何地，都可以駕船前往登陸；地球上無論什麼海洋，只要不封凍，就可以航行和橫渡。這就大大提高了航海在人類社會實踐中的地位和人們對航海的認識。首次環球航行也是人類有史以來最艱難困苦犧牲慘重的遠洋航行。途中船隻損失一半兒。五艘船中勝利返航一艘，沉沒一艘，自棄一艘，在摩鹿加被葡人俘虜一艘，從麥哲倫海峽脫逃開小差一艘。人員損失三分之二以上。在出航的約

〔註 9〕　轉見於漢布爾：《探險者——航海的人們》，海洋出版社 1985 年版，第 139 頁。
〔註10〕　見馬吉多維奇父子：《地理發現史綱》，第 2 卷，第 138 頁，莫斯科 1983 年版（И. П. М агидович, В. И. Магидович："Очерки по Истории Географических Открытий"）。

270 人當中，生還的有凱旋歸來的 18 人，返航時在佛得角被葡人俘虜後來放回的 13 人，在摩鹿加被葡人俘虜關押四年後倖存下來獲釋的 4 人（特立尼達號船海員），另有當逃兵的近四分之一人員〔註11〕。航海者們經受了大西洋、太平洋、印度洋上的驚濤駭浪、狂風暴雨、急流險灘，在太平洋和印度洋兩次熬過了壞血病和饑餓焦渴的致命襲擊（特立尼達號則是兩次都在太平洋），顯示了人類認識自然駕馭自然的勇氣、才能和毅力，豎立了航海史上高聳的豐碑。

　　首次環球航行後五十多年，又有英國航海家德雷克率英國船隊同樣西航進行環球航行，也歷時三年（1577～1580）。德雷克環球航行在航海史上的意義主要在於，他是自始至終指揮了環球航行的航海家。而麥哲倫則在航行了三分之二以上的航程，已證實地球可環航後，插手菲律賓人的內政，參與內戰而被菲律賓人打死。

　　從 16 世紀下半葉起至 17 世紀初，英國、荷蘭探尋經北冰洋去中國的東北新航路，多次航入和探察了挪威、俄羅斯歐洲部分以北的北冰洋。以前，文明人類的航海活動都限於熱帶和溫帶海域，從來沒有航入極圈以內的寒帶海域。大航海時代開始後，文明人類開始涉足寒帶海域。現在英、荷航海家多次航入了北冰洋的巴倫支海、喀拉海，大大跨越了北緯 66 度半的極圈，最北達到了北緯 80 度的斯匹次卑爾根島西北部。英、荷在東北冰海最為重要和著名的航行有，1553 年威洛比、錢瑟勒率英國船隊繞過北歐到達歐俄白海海岸。威洛比途中到達了新地島西南部北緯 72 度處並繼續北進了三天〔註12〕。到 1581 年，英國人已航進到喀拉海南部。1594 年巴倫支率荷蘭船隊到達了新地島最北端北緯 77 度處〔註13〕。其分艦向東到達了亞馬爾半島西海岸。在 1596 ～1597 年的遠航中，巴倫支等於 1596 年到達斯皮次卑爾根島西部北緯 80 度處。他們想穿越北極，但被永冰層擋回，隨後東航繞過了新地島北部〔註14〕。1607 年哈得孫率英國船隊又往東北航行，試圖在格陵蘭和斯匹次卑爾根之間穿越北極，但到達北緯 80 度處後又被永冰層擋回〔註15〕。英、荷探尋東北航

〔註11〕首次環球航行的詳情可參見茨威格：《麥哲倫的功績》，湖南人民出版社 1982
　　　　年版，漢布爾《探險者——航海的人們》等已有中文版的書。
〔註12〕見馬吉多維奇父子：《地理發現史綱》第 2 卷，第 214 頁。
〔註13〕cf. Boies Penrose：Travel and Discovery in the Renaissance 1420～1620,
　　　　NewYork 1975, p.216.
〔註14〕cf. Isabel Barclay：The Great Age of Discovery, London, 1956, PP.142～143.
〔註15〕見馬吉多維奇父子：《地理發現史綱》第 2 卷，第 221 頁。

路的航行把大航海時代推進到最高的階段，著眼於航海我把它抽象爲寒帶極地冰海航行階段。至此，遠洋航行所能具有的四種模式均已出現，四個階段均已形成，即近岸遠洋航行，跨洋遠洋航行，環球遠洋航行和極地冰海遠洋航行。

三

我所說的大航海時代的四個階段既有先後高低之別，又交織融合在一起。在後一階段的遠航開始後，前一階段的遠航仍在進行。四個階段四種模式的遠航互相依託交相輝映，共同織就在大航海時代才逐漸布滿全球的航線經緯，奏響了大航海時代交響曲的各支華彩樂章。

如果說還有什麼新的航海階段，那就是水下潛伏航行，不過它已不屬於一般意義上的航海，而是特種航海了。水下航行一般是駕乘潛水艇潛水器進行，用途主要限於軍事和科學考察。潛航 19 世紀下半葉以來才相對安全可靠，技術成熟起來，得到實際應用，也才能遠航。潛水航行在語義上也不是「駕駛船隻在海洋上航行」，而是駕駛潛艇潛水器在海洋下航行。所以，我以爲不宜把潛海航行視爲大航海時代的一個新階段。況且大航海時代是與大探險緊密聯繫著的，如同航海家是與探險家聯繫著的一樣。而大航海時代基本上結束於 17 世紀末，因爲那時全世界主要的海洋海區都已航行過探察過了，主要的大陸、大洲、大島都由文明人類發現了或到達了或溝通了（南極洲除外，但南極洲無人，至今也無常住居民）。當代還有一種由原子能破冰船導引開路的冰海航行。這種航行因成本太貴，且只能破薄冰層不能破厚冰層，其作用也極其有限。它也不能構成遠洋航行的一個新階段，而只是一種特殊航海，似可視其爲極地冰海航行的發展和躍進。

寒帶極地冰海航行是最艱難困苦危險的航行。雖可取冰化淡水，但狂風巨浪、焦渴饑餓、壞血病的威脅如故，又新增加了嚴寒酷冷、浮冰封凍的巨大困難和危險，壞血病的威脅也更加嚴重。此外，技術上因靠近磁極磁偏角磁傾角增大，導航定位作圖等也較困難。縱觀以前的重要遠航，諸如鄭和、王景宏、第奧古·考、迪亞士、哥倫布、達·伽馬、卡博特、卡伯拉爾、麥哲倫等，儘管也有損失，有的損失也很嚴重，但至少主將都安然無恙（鄭和疾歿於第七次遠航返航途中；老卡博特病逝於第二次遠航的途中，之後由其

子小卡博特接替指揮〔註16〕；麥哲倫死於在菲律賓參與當地統治者的內戰）。
威洛比等在白海外海諾庫耶夫島海灣過冬時被凍死〔註17〕；巴倫支等在新地
島北部過多時被凍得降低了抵抗力，他和一些人染上壞血病而死〔註18〕。

　　極地冰海航行只能在夏季和秋初進行。過了通航期便會封凍，就得與凍
傷和壞血病鬥爭，而在冰天雪地嚴寒酷冷的極地極難找到能預防和抑制壞血
病的綠色植物食物和其他新鮮食物。以前在大洋中不見不靠陸地地航行兩個
月以上不能上岸補給時壞血病才會發生，現在因經常得在極地越多（深秋至
春季）壞血病便更加猖獗。航海家們在寒帶極地冰海的遠洋航行進一步表現
了人類極大的勇氣和毅力、智慧和才能、犧牲和探索精神。

　　極地冰海遠洋航行在大西洋北部東西兩個方向幾乎同時展開。在西向，
最初是探索西印度的北部，在搞明白西印度是新大陸後便探索去亞洲的西北
航路。其航跡越來越北，參加的國家也逐漸增多。先後有英、葡、西、法、
荷幾國，其中英國扮演了頭號主角。在西北冰海最爲重要和著名的航行有，
1497 年英國航海家卡博特航行到北緯 50 度一帶的紐芬蘭〔註19〕；1500 年葡
萄牙航海家科特‧利亞爾航行到北緯 60 度以上的格陵蘭島南部〔註20〕；1535
年法國航海家卡提耶爾從北部的貝爾島海峽駛入聖勞倫斯灣和聖勞倫斯河，
最北達到了北緯 52 度〔註21〕；1574 年英國航海家弗羅比歇到達巴芬島北緯
63 度處的弗羅比歇灣〔註22〕；1587 年英國航海家戴維斯在西北方向最先越過
極圈，穿過了戴維斯海峽，航行到巴芬灣北緯 72 度處冰線邊緣〔註23〕；1610
年，曾探索過東北冰海航路的英國航海家哈得孫又航入北緯 60 度一帶的哈得
孫灣〔註24〕；1616 年，英國航海家拜洛特和巴芬環航了整個巴芬灣，最北到
達了北緯 78 度半〔註25〕；1631 年英國航海家福克斯航行到北極圈上下的福克

〔註16〕cf. R. A. Skelton：Cabot, John, Encycloped of Americana, Chicago 1980, Vol.5,
　　　　p.122.
〔註17〕見馬吉多維奇父子：《地理發現史綱》第 2 卷，第 214 頁。
〔註18〕cf. Isabel Barclay：The great Age of Discovery, PP.146～148.
〔註19〕見巴勒克拉夫主編：《泰晤士世界歷史地圖集》，第 157 頁，文與圖，三聯書
　　　　店 1982 年版。
〔註20〕cf. Boies Penros：Travel and Discovery in the Renaissance, PP.180.
〔註21〕均見巴勒克拉夫主編：《泰晤士世界歷史地圖集》，第 157 頁，文與圖。
〔註22〕均見巴勒克拉夫主編：《泰晤士世界歷史地圖集》，第 157 頁，文與圖。
〔註23〕均見巴勒克拉夫主編：《泰晤士世界歷史地圖集》，第 157 頁，文與圖。
〔註24〕均見巴勒克拉夫主編：《泰晤士世界歷史地圖集》，第 157 頁，文與圖。
〔註25〕cf. Baffin, William, Encyclopedia Britannica, 1974, the 15th edition.Micropedia,

斯灣〔註26〕。

前已論及，極地冰海遠洋航行是最為艱難危險的，其船員死亡率比同時代在溫帶、熱帶海洋遠航高得多。而在美洲東北部的寒帶極地冰海航行更險於、更難於在歐洲－亞洲北部的冰海航行。前者遠離祖國和文明地區，不能就近得到支持和休整，因而它是整個大航海時代最艱難危險的遠航，也最充分地體現了人的堅韌不拔、好奇冒險和探索求知精神。

四

俄羅斯則是寒帶極地冰海航行的長青樹和集大成者。早在 15 世紀大航海時代開始後不久，俄羅斯白海沿岸的漁獵民為了捕魚和獵海獸便航行到了斯匹次卑爾根島（俄語稱為格魯曼特島）南部，新地島南島和喀拉海〔註27〕。此後也一直偶爾到格魯曼特、南新地島和喀拉海。不過那段歷史時期的俄羅斯冰海航行還沒與探險直接掛鈎，航程也不遠，還不構成大航海時代的一個階段。17 世紀伊始俄國躋身於大航海的行列。總體說來俄國人是沿歐俄、西北亞大陸海岸在北冰洋向東航行，旨在探險、獵捕海獸、對土著徵收毛皮稅、開闢去中國的東北新航路。1620 年前後，不知名的俄國航海家從西到東繞過了亞洲的最北端（也是歐亞大陸的最北端），北緯 77 度半的泰梅爾半島北部。20 世紀 40 年代在這一帶發現了一些海船殘骸和 17 世紀初的俄國物品〔註28〕。1633～1641 年，列布諾夫等從勒拿河入海，沿海岸向西航行到接近泰梅爾半島東南部處，又掉頭向東航行駛入了東西伯利亞海〔註29〕。1644 年，斯塔杜欣從因迪吉爾卡河口東航到科雷馬河口〔註30〕。最為重要和著名的俄羅斯極地冰海遠洋航行發生和完成在 1648～1649 年。阿歷克塞耶夫（波波夫）和迭日涅夫率船隊從科雷馬河口向東航行到亞洲最東端，繞過了迭日涅夫角，南下穿過白令海峽，從北冰洋首次航入太平洋，分別到達了

　　　Vol.1. P.726.
〔註26〕cf. Foxe, Luke.Encyclopedia of Americana, Vol.11, p.678.
〔註27〕參蘇聯科學院：《世界通史》第四卷，上冊，序言，第 9 頁，大地圖，三聯書店，1962 年版。
〔註28〕見別洛夫：《北方航路的發現與開拓史》第 1 卷，第 132 頁，莫斯科 1956 年版（М. И. Белов：《История Открытия и Освоения Северново Морского Пути》）。
〔註29〕見馬吉多維奇父子：《地理發現史綱》第 2 卷，第 276 頁。
〔註30〕見蘇聯科學院：《世界通史》第 4 卷，上冊，第 196 頁，大地圖。

堪察加半島和阿納德爾灣〔註31〕。波波夫、迭日涅夫的冰海遠航初步打通了
東北新航路，部分實現了俄國學者格拉西莫夫 1525 年首創的影響深遠的預
言和提議，開闢東北新航路，尋找溝通北冰洋和太平洋的海峽，前往中國、
東方、太平洋〔註32〕。說部分實現了格氏設想是因爲在當時的條件下因永冰
層的阻攔，還不能安全可靠地繞過泰梅爾半島北端，而一般得在半島中南部
走連水旱路通過半島。1686 年，有名有姓的托爾斯托烏霍夫從西向東航行又
繞過了泰梅爾半島北端〔註33〕。但他們在繞過以後也同以前一樣不知所終，
估計也是不幸遇難了。

　　俄羅斯的寒帶極地冰海航行在大航海時代主要是在北緯 70 度以上的極地
進行，最北達到了北緯 77 度半的泰梅爾半島北端海域和大致同一緯度的斯匹
次卑爾根島南部海域。與西方不同的是，俄羅斯本土也瀕臨北冰洋，能夠爲
冰海遠航就近提供後援。俄羅斯的極地冰海航行同時也是近岸遠洋航行。大
航海時代的第一階段的遠航模式螺旋上陞，與第四階段的最高遠航模式在俄
羅斯的大航海中融爲一體結合了起來。

　　中國不僅是大航海時代的開闢者、近岸遠洋航行的主角之一，而且還是
大航海時代後三個階段遠航的主要目的地之一，歐洲航海家的主要嚮往地之
一，主要動因之一和刺激力之一。14 世紀《馬可·波羅遊記》在西歐傳開後，
西方就很羨慕和嚮往中國。15 世紀六十年代以來，葡萄牙人沿西非海岸向南
探航的主要目的便逐漸明確，就是要繞過非洲，駛入印度洋，開闢到印度、
中國這些東方文明古國、大國、強國、富國的新航路。哥倫布等開闢跨洋遠
航的新階段，就是要西行橫渡大西洋到達中國、日本、印度。哥倫布帶著給
統治中國的蒙古大汗的國書（不知元已亡），在美洲到處尋找契丹（cathay）
的城市、港口和大汗的臣民。麥哲倫開闢環球航行新階段的直接目的是與葡
萄牙競爭，想搶先到達印尼的摩鹿加群島。但他們橫渡大西洋的航路、橫渡
印度洋的航路（埃爾·卡諾也新開闢了一段）、環繞非洲的航路是由哥倫布、
達·伽馬、迪亞士等爲了去中國、印度等而開闢出來的。英、荷在東北方向
的極地冰海航行，英、法在西北方向的極地冰海航行，俄羅斯在亞洲北部的
極地冰海航行，則都主要是想開闢去中國的新航路。所以在寒帶極地冰海遠

〔註31〕 見蘇聯科學院：《世界通史》第 5 卷，上冊，第 196 頁，大地圖。
〔註32〕 見貝爾格：《俄羅斯地理發現史綱》，第 12～13 頁，莫斯科 1949 年版（Л.
　　　　 С.Берг："Очерки по Истории Русских Географических Открытий"）。
〔註33〕 見別洛夫：《北方航路的發現與開拓史》，第 1 卷第 132 頁。

洋航行階段，中國對歐洲航海家的誘惑和吸引已超過印度，成為最恒久的驅動力、最強的磁極、最大的引力場。總之，中國與大航海時代密不可分，有不解之緣，是大航海時代的開拓者、造就者、引發者之一。

　　鄭和、成祖之後，西方漸漸趕了上來。明末西方全面超過了東方（從 17世紀初起），這在航海方面表現得最為突出，不管是海軍實力，海洋交通運輸，還是捕魚和海洋資源開發。清末西方靠堅船利炮轟開了中國閉關的大門，20世紀三十、四十年代島夷倭寇又從海上（或從海上經朝鮮）大規模侵華。解放後，中國的航海事業開始恢復。改革開放以來，中國的航海事業（包括海軍實力，海洋交通運輸、捕魚和海洋資源開發）開始振興。「談瀛海客多如鯽，莽土候變華嚴場。揭來大洋文明時代始萌蘗，大風泱泱兮大潮滂滂」〔註34〕。勤勞、勇敢、智慧的中國人民定能重振雄風，再現鄭和（首創的）大航海的輝煌，與世界各國人民一起，共同締造新的海洋時代。

　　　　　　（原載《海交史研究》2000 年第 2 期，2012 年 8 月再審定）

〔註34〕梁啓超：《二十世紀太平洋歌》。

To Verify What's Beast Miligao Introduced in China During Sailing to Western Ocean

Abstract

Proceeding from etymology and language, ecological geography, animal fauna, shape of beast, documents in home and broad, ancient and contemporary pictures, this paper verifies out the so-called Miligao beast introduced in China during sailing to the Western Ocean（西洋）to be a bluebull of the Indian speciality, by means of hooking and compiling, collecting and selecting, general investigation.

Key words: Sailing to Western Ocean, Beast of Miligao , Indian bluebull.

What's beast Miligao（麋里羔）introduced in China during sailing to the Western Ocean? It's still a riddle because many scholars, such as Feng Chengjun（馮承鈞）, Zhang Xinglang（張星烺）, Xiang Da（向達）, Zheng Hesheng（鄭鶴聲）, Guan Jincheng（管勁丞）and so on, didn't verify it. At the 600th anniversary of first sailing to the Western Ocean of Zheng He's junks, without regard of its difficulty, I try to verify it to share with experts and readers who are interested in it.

It was proved by two inscriptions that the Miligao was introduced into China. One is *The Tianfei Temple Inscription*（《天妃宮石刻》）,erected by Zheng He（鄭和）, Wang Jinghong（王景弘）etc, the commander-in-chief of fleet sailing to the Western Ocean , in the reign of Xuande（宣德，A.D.1413）, saying「During Zheng He went to the western region, in the 15th Yongle（永樂）year, Hormuz delivered some tributes: lions , leopards and west horses（Arabic horse）; Aden did unicorn, its foreign name as giraffe ,and long-horn Maha beast（Arabic oryx gazelle）; Mogadisho did Huafu deer（花福鹿，Zebra）and lions; Brawa（卜剌哇，in Somali）did winged-camel and ostrich; Java and Guli（古里，Calicut）did Miligao（麋里羔）beast. Every tribute is unknown to all before, and they sent their royal princes to visit us with the credentials and presents.〔註１〕In the same winter（1413）, two of them set another inscription *The Record of Tianfei's Inspiration*（《天妃之神靈應記》）, which restated that the countries in the Western Ocean delivered their precious and different birds and beasts as what's said in *The Tianfei Temple Inscription*:「Java, Calicut delivered the Miligao（麋里羔）. They tried to be the first to deliver the tributes of various treasures either hidden in sea or lived in land to us」.〔註２〕 This shows that it's completely true, and not a single-proof that Java and Calicut delivered the Miligao to Ming.

The ways and thoughts to verify correspondence between the ancient and contemporary name of animals are as following: firstly according to its shape and

〔註 1〕 The record of visiting foreign countries, the inscription of Tianfei's temple in Loudong Liujia Haven（《婁東劉家港天妃宮石刻通番事蹟記》）, carried in Gong Zhen：*The Record of Foreign Countries in the Western Ocean,* Appendix, The Press of China, 2000, p.52（明鞏珍著《西洋番國志·附錄》，中華書局 2000 年版，第 5 頁）。

〔註 2〕 The record of Tianfei's inspiration of Changle Nanshan Temple in Fujian（福建《長樂南山寺天妃之神靈應記》），carried in Ibid., p.53.

convention described by ancients, and clearing out name's resource, then checking and selecting from those names of contemporary animals, and comparing with many relative animals in zoos, pictures, photos, TVs, films and discs, referring to some introductions on some modern animal magazines and books, at last accurately verifying out what animal it is and what characteristics it get. By doing so, some names have been verified out by us such as these animal names noted above. Therefore it's a useful and effective research way.

What's beast Miligao in contemporary ages? It's not be mentioned in all the documents on Zheng He's sailing to Western Ocean, such as Fei Xin（費信）'s *The Overall Survey from the Star Raft*（《星槎勝覽》）, Ma Huan（馬歡）'s *The Overall Survey of the Ocean's Shores*（《瀛涯勝覽》）,Gong Zhen（鞏珍）'s *The Record of Foreign Countries in the Western Ocean*（《西洋番國志》）,and anonymous *The Zheng He's Sea Chart*（《鄭和航海圖》）. Neither did some documents of Ming dynasty, for example, Huang Shengceng（黃省曾）'s *The Record of Tributes Paid from the Western Oceans*(《西洋朝貢典錄》), Yan Congjian(嚴從簡)'s *The Record of Remote Foreign Countries*（《殊域周咨錄》）,and Chen Renxi（陳仁錫）'s *The Record of Ming Emperor's Law*（《皇明世法錄》）.Nor did some important historical books and data :*The True Record of Ming Dynasty*（《明實錄》）, *The History of Ming Dynasty*（《明史》）. So it's the only way of choice to look for some information from some research of western sinologists and some Ming dynasty's documents stored oversea.

According to the research of western sinologists, in some 1430 it maybe Zhu Quan（朱權, 1378～1448）, the17[th] son of Zhu Yuanzhang（朱元璋）, the Hongwu（洪武）emperor , edited *The Record of Pictures in Foreign Countries*（《異域圖志》）,which was collected by Yu Wentai（余文臺）into *The All Record of Doing it Yourself*(《萬用正宗不求人全編》）published in 1609.〔註3〕 All the libraries have been checked but none is found, such as the Chinese national library, library of Peking university, library of The Chinese Scientific Academy, and all libraries in

---

〔註3〕 cf. Joseph Needham：*The History of Science and Technology in China*, Vol.5 Geography, The Press of Science, 1976; the 1st book, PP.35～36（李約瑟：《中國科學技術史》，第五卷《地學》，科學出版社 1976 年版，第一分冊第 35～36 頁）.

my living areas. So I expect anyone who saw it could tell me where it is. The western sinologists ever saw it and thought there is only one in the world , which stored in the library of Cambridge university. 〔註 4〕 The book was issued by Jin Xian（金銑）, a local officer in Guangxi（廣西）province of China. 〔註 5〕 Its length is 31 cm and width 19 cm, as well as its estimated there are 100 double-pages（200 single-pages in whole）. However ,because some pages were torn and lost, 〔註 6〕 there are only 195 single pages left. 〔註 7〕 There is an appendix to the end of this book, which named as *The Picture of Bird and Beast in Foreign Countries* （《異域禽獸圖》） with seven double pages or fourteen single pages. 〔註 8〕

It was recorded in *The General Content of Encyclopedia of Four Libraries · History · Content of Geography* （《四庫全書總目·史部·地理類存目》）.The item of *Yiyuzhi* （異域志） in it says：「It's similar to Jin Xian's book *Yiyutuzhi* （《異域圖志》） that both were briefly discussing the products, lands and customs of every country」. Another item of *The Record of Pictures in Foreign Countries* said：「It's certain that it's edited by the Ming people because the preface is written by Jin Xian, a mayor of Guangxin（廣信） Fu in Ming dynasty. This book selected many novels and histories and is of many mistakes……other narrations are so less」. 〔註 9〕 That proves the book *Yiyutuzhi* the western sinologists seen is true and reasonable, so does the research of it.

There all 182 pictures are kept now in *Yiyutuzhi*, 〔註 10〕 14 ones among them kept in *Yiyuqinshoutu* （《異域禽獸圖》）. They are: crane（hornbill）, 〔註 11〕 Fulu

〔註 4〕 cf.Ibid..

〔註 5〕 cf.A.C.Moule：An Introduction to the I Yü T'u Chin, *T'oung Pao*（《通報》）,Leiden, 1930, Vol.27, P.188.

〔註 6〕 cf.Ibid.,PP. 179～180.

〔註 7〕 cf.A.C.Moule：Some Foreign Birds and Beasts in Chinese Books， *The Journal of the Royal Asiatic Society of Great Britain and Ireland,* Vol. of 1925, p.248.

〔註 8〕 cf.A.C.Moule：An Introduction to the I Yü T'u Chin, *T'oung Pao* （《通報》）， Leiden, 1930, Vol.27, p.188.

〔註 9〕 *The General Content of Encyclopedia of Four Libraries*, Vol.78, History· Content of Geography, The Press of China, 1965, p.678（《四庫全書總目》卷 78《史部·地理類存目》，中華書局 1965 年版，第 678 頁）。

〔註 10〕 cf.A.C.Moule：Some Foreign Birds and Beasts in Chinese Books, *The Journal of the Royal Asiatic Society of Great Britain and Ireland,* Vol. of 1925, p.248.

〔註 11〕 Based on Moule's verification, Hexiang （鶴項） should be the mis-spelling of

（福鹿，zebra）, unicorn（麒麟，giraffe），white deer, lion , rhinoceros, yellow Miligao , leopard, caracal, Maha beast（馬哈獸，oryx gazelle），blue Miligao，Abei(阿韋)goat.〔註12〕　Among them there is one bird, thirteen beasts. Yet among beasts there are three Miligao or it appears thrice: one is yellow Miligao, another is blue Miligao and the color of another is unknown. It's obvious that Miligao（米里高）in *Yiyuqinshoutu* of *Yiyutuzhi* and Miligao（麋（麋）里羔）in Zheng He's inscriptions of sailing to western ocean are just the different transliteration forms of the same animal. Because the Chinese character is an ideograph, using several characters to express a same sound. It was said by the western sinologists who have scrutinized those pictures carefully that the three Miligaoes in pictures are much similar to that 「Bailu」（白鹿，white deer）.The feet of Miligao are artiodactyl, its tail and mane like mule's, a bunch of hair on its chest and two small horns on its head.〔註13〕

The inscriptions of Zheng He's said that Guli（古里）delivered the tribute of Miligao（麋（麋）里羔）. It's well known that Guli is Calicut on the west coast of Indian peninsula. So it's better to search for it in India. By collecting and selecting, the Indian antelope is focused on. It's also called Luniuling（鹿牛羚）by the Chinese,〔註14〕　or bluebull, bluebuck, or named антилопа　нилгай　in Russia, or be noticed as 「Ligao」（नील गाय）by the Indians, means bluebull.〔註15〕　It's obvious that Ligao is the transliteration of the Indian 「Ligao」 which was selected into English, written as nylghau in 18th century, and nilghai in 19th century.〔註16〕

Heding（鶴頂）. cf.Ibid., PP.253～254. Really, Ma Huan's chapter Old Haven（舊港，Palembang）in *Yingyashenglan*（《瀛涯勝覽》）described this bird in detail.

〔註12〕 cf. Zhu Quan?：The Record of Pictures in Foreign Countries　·Pictures of Birds and Beasts in Foreign Countries（朱權？：《異域圖志》附《異域禽獸圖》），stored in Cambridge Univ. Library. The names of animal before parentheses are original names, and names of them in bracket are present ones verified out by the western sinologists. Cf.J.J.L.Duyvendak：The Mi-li-kao Identified, *T'oung Pao*（《通報》），Leiden, 1940, Vol.35, p. 216.

〔註13〕 cf.Ibid.,P.216.

〔註14〕 The appellation of Luniuling（鹿牛羚）comes from Wang Tongyi eds：*Encyclopedia of English-Chinese*,The Press of National Defence Industry, 1987, Vol. next, p.3524（參王同憶主編譯：《英漢辭海》，國防工業出版社 1982 年版，下卷第 3524 頁）.

〔註15〕 I give thanks to Yang Rende(楊仁德)'s kindness in advice on the Indian language, who is a research fellow of The Institute of South Asia of SCU.

〔註16〕 cf. *The Oxford English Dictionary*, second edition, Oxford, Clarendon Press, 1989,

Nowadays nilgai, nylghau and nyghai are still used in English. The scientific name of this beast is *Boselaphus tragocamelus*. All above prove that the producing area and pronunciation concerning the doubtful beast bluebull are almost right. The Chinese transliterate for nylghau in Ming dynasty is Ligao（里高（羔）),but the reason is unknown why a Mi（米、縻、麋）sound is added before it, maybe just for speaking sonorously. This is a syllable needed to verify further. I expect the specialists to teach me.

In animal morphology, one of the Chinese names of Miligao is Luniuling and of English names blue deer, which proves that it like to a deer. This also accords with the fact the painters who saw it ever draw it similar to a deer and the sinologists who seen pictures said it draw similar to deer. In taxonomy, bluebull（all called bluebull now on）belongs to the Indian oryx species of bluebull genus of ox family of artiodactyls order, which coincides the characteristics of artiodactyls above mentioned. The male bluebull get a pair of short, little and sharp horns and a cluster of dark and long hair on its chest.〔註 17〕 These two characteristics completely correspond with what the western sinologists said that a bunch of hair is on Miligao's chest and two small horns on its head（cf. illustrations）.〔註 18〕 I should say something more about a cluster of hair. The ancient people narrated a cluster of hair on bluebull's chest because there is a cluster of long hair on bluebull's throat, which stretches to its chest. The correspondence of the two characteristics is very important for us to lock Miligao on bluebull. Besides, blue bull gets mane and tail which both are similar to mule's. Both these correspond basically with the ancient person's drawing and the sinologists' narration because mule also gets mane which is longer than donkey's but shorter and thinner than horse's. By above all, it's certain that Miligao introduced in China through sailing to the western ocean is just the present bluebull in India（now called 藍牛 in

---

Vol.10, p.421, p.618.
〔註 17〕 cf. *A Concise Britain Encyclopedia*, The Press of Chinese Encyclopedia, 1986, Vol.5, P.115, item of bluebull（參《簡明不列顛百科全書》，中國大百科全書出版社 1986 年版，第 5 卷第 115 頁藍牛條）.
〔註 18〕 Taken from *The Animal Encyclopedia of the World*・Mammal, Taibei, Guangda Pulishing Ltd. Co., 1984, Vol.IV, p.59（取自《世界動物百科・哺乳動物》第四卷，臺北廣達出版有限公司 1984 年版，第 59 頁）.

current Chinese）.

A brief introduction is followed because the most people are unfamiliar with bluebull. It's named for male's blue-grey color, but female has a light brown and red hair（this corresponds with the sayings of *Yiyuqinshoutu* that there are blue Miligao and yellow ones）. Its length is 1.8～2m, height 1.2～1.5m, weight 200kg , the largest shape of its own antelope category, but female is little smaller. Their four limbs are long（fore leg is little longer than the back ）. Its belly, ear, face, throat and upper part of hook is white-haired. Both male and female get short mane （this also accord with saying that it's mane is like to mule's）.They live mainly in the middle of forest, bush, grassland in middle India, come out daytime and lived on grass. Its whole life is about 15 years. Every December it bear child, 1～2 children at a litter.〔註 19〕

Another little question is needed to point out, that the inscriptions of Zheng He's said that Java in Indonesia also delivered the tribute of Miligao to Ming dynasty（明朝）. But bluebull is not the native animal of Indonesia. Maybe it's a mistake to regard some Indian tribe-state as Java, or some animals in Indonesia are misunderstood as Miligao, or Java introduced in Miligao from India then delivered to Ming. Whereas some western scholars think there is no animal at all in Indonesia in shape looks little like to the Indian bluebull.〔註 20〕 In my opinion it's impossible for first cause because Zheng He's junks ever went to Java many times, and felt very familiar with Java. There is a chapter of Java State（爪哇國）in all of Ma Huan's *The Overall Survey of the Ocean's Shores,* Fei Xin's *The Overall Survey from the Star Raft* and Gong Zhen's *The Record of Foreign Countries in the Western Ocean,* who all visited to western ocean. So the people sailed to the Western Ocean may not make mistake in geographical orientation at all. And since long time ago, India had connected closer relationship with Indonesia in economy, culture and others. For example, 3 million people in Bali Isle still believe in the

〔註 19〕 cf. *The Chinese Encyclopedia* ‧ Biology, The Press of Chinese Encyclopedia, 1991,Vol.2, item of bluebull, p.840（參《中國大百科全書‧生物學》，中國大百科全書出版社 1991 年版，第 2 卷第 840 頁，藍牛條）.

〔註 20〕 cf. J. J. L. Duyvendak：The Mi-li-kao Identified, *T'oung Pao*（《通報》），Leiden, 1940, Vol.35, p.218.

Hinduism. 〔註 21〕 During sailing to western ocean（1405～1433）,「in 1433, the king of Calicut Bilima（比里麻）sent their ambassadors to Ming, going in the company of ones from Sumatra. They stayed in Beijing（北京）for a long time, and backed in the first year of Zheng Tong（正統，1436）by Javanese tribute ships」. 〔註 22〕 This is the main reason why Indonesia is called Indo（India）-nesia（印尼）by the Chinese. So I think, the Miligao-bluebull Java delivered was imported from India then exported to China. Things as this happened not occasionally during navigating to the western ocean. For another example, Bangladesh had delivered giraffe to Ming more than once in the era of voyaging to west ocean:「in the 13rd year in the reign of Yongle（1415）, they sent their delegation headed by Bayiji（把一濟）with the tributes of giraffe and so on」. 〔註 23〕 Another example, in 1438, Bangladesh delivered giraffe as the tributes again, and every higher officer of Ming came and congratulated. 〔註 24〕 It's obvious that the giraffes were imported by Bangladesh then delivered to Ming dynasty.

In a word concluding all above, it's safe to say that the beast Miligao introduced in from voyaging to west ocean is the Indian special product－bluebull. Among them, Calicut's tribute is local, but the Java's is imported from India then exported to China.

（The author Zhang Jian 張箭（1955～）is a professor, Dr. of history and Dr. tutor of the Historical College of Sichuan University, Chengdu（成都）,610064,China. He study major the medieval history of China and of the world）

〔註 21〕 cf. *The Chinese Encyclopedia.* World Geography, p.66, item of Bali Isle（參《中國大百科全書‧世界地理卷》，第 66 頁巴釐島條）.

〔註 22〕 *The History of Ming Dynasty,*Vol.326, foreign countries, part seven, The Press of China, 1974, p. 8440（《明史》卷 326《外國七》，中華書局 1974 年版，第 8440 頁）.

〔註 23〕 *The Record of Tributes Paid from the Western Oceans,* Vol. middle, Bangladesh, The Press of China, 1982, p.90（《西洋朝貢典錄》卷中《榜葛剌國》，中華書局 1982 年版，第 90 頁）.

〔註 24〕 *The History of Ming Dynasty,* Vol.326, foreign countries, part seven, p.8448（《明史》卷 326《外國七》，第 8440 頁）.

後　記

　　在這本個人專題論文集出版之際，想要交代一下它所蘊藏的一些史話、表示一下對支持過它成書的一些單位、社團和人士的謝意和談談對一些問題的看法

一

　　我自小就對航行感興趣，兒童少年青年時代，我家住在成都市府南河邊的椒子街三多巷新四號電業局宿舍院子，我家那一帶的河段我們叫東門大河。兒童時代的我多次自製過木帆船模型玩具，即用一塊小木板做成船形（船筏），上有桅杆和用紙板做的帆，後面有舵，可以轉動調節。河水從東往西流←，我把舵葉轉動調成／狀，從我們這邊的河岸（南岸）把船模放入河中。船模順水往下漂，同時在舵葉的作用下往對岸漂。我們趕緊小跑穿過小巷庭院，跑過大橋，再穿過對岸的小街小巷，來到對岸河邊較我們放船處稍下游的河灘上。這時，我的船模慢慢向我漂來，直到靠岸。我把它撿起，然後再慢慢走回家。心裏感到愜意和自豪。

　　此外。兒童時代的我還製作過一種動力輪船（快艇）模型（玩具）。即把一塊小木板鋸成船形成為船筏。把船尾掏空，呈凹形。再削一塊細長方形的小木片。其寬度稍窄於凹形的寬度，使其能自由轉動；其長度接近於深度的兩倍，使其能自由轉動而不碰到船尾。在凹形兩端的尾部套上一根橡皮筋。把細長形小木片置入上下兩根橡皮筋中間（因套上便成兩根了），用線把它與橡皮筋拴上固定，充當輪葉，起螺旋槳的作用。往後擰緊「輪葉」，放入水池中，手放開。輪葉往前快轉，輪船（快艇）就快速往前航行，直到蓄能釋盡，

才慢慢停下來。也可以往前擰緊輪葉，放航，這樣，輪船就倒車往後航行。

　　讀四川大學歷史系本科時，我開始對地理大發現探險大航海產生了興趣，本科三年級時寫的學年論文便題爲《試論麥哲倫環球航行》，指導教師是劉菁華女士。我預測到 1992 年是哥倫布首航美洲、地理大發現探險大航海取得重大突破 500 週年，屆時史學界社科界會舉行較大規模的紀念和研討。故從 1990 年下半年以來，便拿出一部分主要精力研究該課題，以後陸續發表了幾篇論文，并有一定的影響。這樣算是趕上了浪潮。1993 年，在前輩史學家劉家和、戚國淦、朱寰、龐卓恒、劉明翰、隗瀛濤等人的提攜下，我獲得一個國家社科基金青年項目《地理大發現研究 15～17 世紀》，經費 7000 元人民幣。錢雖不多，但對當時僅是碩士／講師的我，感覺不啻是翻了身得到解放。在此基礎上我刻苦努力寫出書稿，又有幸得到商務印書館編審李杏貴、常紹明的垂注和欣賞。雖幾經延宕，最後終於在 2002 年在商務出版了近 40 萬字的同名學術研究專著，且不給出版補貼還得了一萬多元的稿費。從此奠定了我在這個領域的領先地位。

　　因地理大發現主要是通過大航海實現的，所以在此期間我偶爾寫點中西航海史比較的文章。《鄭和下西洋的教訓》（載《遺憾和教訓總成》，人民日報出版社 1993 年版）便是我的第一篇涉及下西洋的文字（因太豆腐塊，其基本觀點又已融入了《鄭和下西洋的偉大精神和深深遺憾》一文，故這次出書時採納了好友、中國近代史專家楊天宏二級教授的建議未收入）。我又預測到 2005 年是鄭和首下西洋 600 週年，屆時史學界社科界必將舉行大規模的隆重的紀念和研討。我想我既已搞了世界歷史上的大航海大發現，何不也搞搞中國歷史上的大航海呢；我既已攻下了中國古代史專業魏晉南北朝方向的史學博士，何不再搞搞同爲中國古代史的明史呢。於是，從 2003 年開始，我又分出一部分精力搞該選題，以後陸續發表了若干篇論文，也有一定的影響。它們有的曾被「複印報刊資料」複印，有的曾被《新華文摘》論點摘編，有的曾被《高校文科學報學術文摘》論點摘編……這樣算是又趕上了浪潮。最初設想祇搞兩三篇。但深入進去後感到下西洋這個方向還有發展空間，仍有挖掘的潛能和餘地；同時邁入這個學術圈子後又不斷得到圈內同行的邀請激勵。於是便一直分一些精力搞下去。對我邀請、激勵、支持、合作較多的單位、學刊、學者有，江蘇省鄭和研究會及其會刊《鄭和研究》，中國海外交通史研究會及其會刊《海交史研究》，及該刊原副主編研究員李玉昆老師，北京

鄭和下西洋研究會及其會刊《鄭和下西洋研究》，及該刊執行主編陳振傑先生，《海洋世界》及其編輯向思源女士，澳門《中西文化研究》及其編輯博士黃雁鴻女士，等等。尤其要感謝江蘇省鄭和研究會，它（他們）多次舉辦鄭和下西洋的國內國際學術研討會或論壇——其中2005年的600週年紀念國際學術論壇規模盛大影響深遠——都邀請我參加，對我保持這一研究方向起了獨特的作用。每次開會，會議的組織者、承辦者、資助者、工作人員都要付出許多勞動和犧牲，令人感佩。以上提到了幾個研究會，藉此由頭順便說說，目前尚無一個全國性的「中國鄭和下西洋研究會（或學會）」，建議學界多做努力，爭取把它成立起來。

二

由於相關的論文漸漸增多，也就慢慢有了結集出版一本專題論文集的想法。2007年曾與海洋出版社聯繫過，但無回音。2011年曾申報過學校中央高校基本科研業務費研究專項並爲此結集，惜未批准。其他的項目則未申請過。而學校學院的二一一工程和九八五工程項目則不容我申請（不告知你，你怎麼申請）。從上個世紀九十年代下半期起，出版社改制，適應市場經濟。一般說來不給出版費便出不了學術著作了。今臺灣花木蘭文化出版社籌措重金，支持大陸學者出版中國文史哲專著文集等，弘揚中華民族優秀的傳統文化，嘉惠士林。其功德無量，善莫大焉。

該社編輯、北師大文學博士楊嘉樂女士誠懇的敦促、斡旋、包容和理解是本書能較快面世的原因之一；她的精心編輯加工，使這本書能以現在這種比較精緻的樣子呈現在讀者面前。

我校我院教授、明清史專家、致公黨四川大學基層總支主任李映發老師是我的泳友，激勵我開闢鄭和下西洋這一新的研究方向的師長之一。這次他又慨然賜序，並刊於《鄭和研究》2012年第1期。這對於本書的及時出版，起了一定的鞭策作用。

德國著名漢學家慕尼黑大學教授普塔克（Roderich Ptak），英國白人女漢學家劍橋大學博士程思麗（Sally K Church）分別惠贈寄送我《星槎勝覽》《瀛涯勝覽》的英語譯注本，這才可能有了收入本書的對這兩本英語譯著兼專著的書評。

我的三朝同學（本科生、研究生、博士生皆爲川大歷史系或歷史文化學

院的同學）、四川大學歷史文化學院院長（2010 年 11 月至今）、川大博物館館
長（1995 年至今）、長江學者、考古專家霍巍教授囑我在書上打上「本書受九
八五工程四川大學區域歷史與民族創新基地資助」的字樣，這樣學院可以以
後期資助的名義給我一些經費。對此表示衷心感謝，這樣我就可以得些經費
權當稿費了。藉此話頭多說兩句。眾所周知，川大是首批（1995 年）進入二
一一工程的重點大學，第三批（2003 年）進入九八五工程的知名學府（頭批
是清華北大，二批是上交大、復旦、中科大、南京大、浙大、哈工大、西交
大）。而歷史系或歷史文化學院是與學校同步進入二一一工程和九八五工程的
重點院系。二一一工程和九八五工程開展至今已分別近二十年和十年了。落
實到學校的工程經費不知有十幾億元，落實到學院的工程經費不知有幾千萬
元。可我作為在職在崗的教授（2000 年起）、博導（2003 年 12 月起），卻還
沒有用過二一一和九八五的一分錢（指以個人或課題組名義獲得課題項目經
費或獎勵等。若指改善學校整體辦學實力，如校圖書館擴建等，我自然也間
接沾光了）。況且我治學面較寬，中國古代史、世界史、專門史（中西交通比
較交流）皆搞，學院的大多數重點學科我都靠得上。卻不能參與甚至與聞二
一一和九八五的事務和經費，不能分一滴羹，豈非咄咄怪事！這也暴露出二
一一與九八五工程的制度設計和實施細則有缺陷，因為它的課題項目經費等捆
綁到院系、專業和方向。極少數人利用職權，鑽了空子，把持和佔有了過多的
公共資源。「青山遮不住，畢竟東流去」。好在中國共產黨的廢除終身制、實行
退休制和任期制的政策堅定不移並貫徹到底。鄧小平同志在身體健康尚能工作
時帶頭退休居功至偉。從此從中央首腦機關到基層單位，從全黨全軍全國人民
的領袖到基層的處、科、股級幹部概莫例外。在這樣的大勢下，2010 年秋季學
院領導班子換屆，霍巍同志恢復主持學院工作，朱天滄同志來院工作昇任書記。
新領導班子力革前弊，開拓創新，推行陽光政策和公平方針。本人能用上二一
一和九八五工程的一點經費便是學院辛卯新政的眾多事例之一。所以對於以霍
朱為核心的學院新領導班子對我的支持和公平對待表示感謝。

　　學校社科處歷屆處長潘顯一、徐開來、曹萍、姚樂野諸教授，社科處各
科科長龍慧拓、文萍、查慶（已昇任統戰部副部長）諸老師對我的科研工作
一貫重視和支持，四川省社科規劃辦和社科聯的領導和辦公同志對我的科研
工作也一貫關注予以幫助。在此向他們表示感謝。

同時也衷心感謝惠允我把原發於各學刊的論文在此結集出版的那些學刊。

三

現在談談這本書本身。本書係個人專題論文集，由總論篇、中西比較篇、船舶研究篇、動物考證篇、文獻研究篇、古籍整理篇、問題討論篇、書評樂評篇和附錄共九個篇章組成，收入 1 篇序言、21 篇論文、1 篇古籍整理資料、3 篇對外語（英語）著作的書評、1 篇樂評、1 篇漢譯英的英語論文、1 篇後記，共 30 篇文章（文獻）。大概有二十幾萬字。全書根據內容需要配有一些必要的圖片、圖、畫、地圖等（把這些加起來可能有約三十餘萬字的篇幅），其中一些是自繪自製自拍的，一些是複印掃描下載的，文中均有說明。

現在強調學術規範，本書也儘量做到，一般有較詳的注釋。但各學刊對注釋的詳略要求不盡相同，格式或形式也各異。本書儘量保持原貌，不求統一。自然，引用詩詞名言古語箴言等和帶常識性的敘述似乎毋需出注。無須諱言，鄭和首下西洋 600 週年紀念前後以來的有關研究。已不可避免地帶有一點紀念性和宣傳性，而史學研究的幾乎所有課題項目和論文專著工具書也都帶有一點宣傳性（你公開發表出版出來的目的和作用之一就是要把你的觀點認識理解等宣傳開）。所以，本書中一些論文的某個部分某些段落某些句子也可能與那些同時發表的或先於我發表的有關論著的某個部分某些段落某些句子相似，故先打個招呼，請不必大驚小怪，因為學術研究就是這樣一步一步前進的，真理就是這樣一點一點接近的，認識就是這樣一層一層提高的……。所以，一篇論文的主體若是獨創的，或者雖非完全獨創但在前人的基礎上（比前人）有所深入、充實、完善、提高，就是有價值有意義的論文。還有，魯迅先生說過，某些地方「大致是不能不同的，例如，他說漢後有唐，唐後有宋，我也這樣說。因為都以中國史實為藍本」（《不是信》，一九二六年）。我們（如果出現微面積或小面積的相似之處）也因為都以鄭和下西洋的史實為藍本，我無法「捏造得新奇」。魯迅先生又說，「歷史則是紀事，固然不當偷成書，但也不必全兩樣」（同上）。再則，現行的圖書、期刊、報紙、集刊、論文集的發行方式使窮盡已刊相關研究成果已非常困難，此外還有海量的網絡電子數據庫手機短信等非紙質的資料文獻信息。因參閱時間不一，故有時看了別人的文章著作聽了別人的演講報告談話實受影響卻自以為某觀點、思

想、理論、方法等係己出者，恐亦難免。故本書凡有與前人論著相似之處，其發明權發現權優先權均在他人，我無意掠人之美，與人爭先。謹向前人表示敬意，向同仁提前致歉，並敬請欲徵引者（如果有的話）直接徵引前人論著。

本書中的各篇論文，作爲單篇論文發表時，自然毫無重複之處。但作爲專題論文集匯集在一起時，就難免有重複的地方。爲使論文集能更精練一些，我在有大段重複的地方皆做了調整，只保留其中一篇的某個部分，刪除另一篇中與之重複的部分。不過爲了保證原論文有完整輪廓，被刪除部分就祇保留小標題或分部標題。這樣的編輯處理在個人（專題）論文集中似乎很罕見，能否得到學界的認可或讚賞就祇有注意讀者的反饋了。經這樣處理後，小段落和一些句子的重複仍不可避免，請讀者和學者們見諒和包容。

本論文集的創新、價值、意義和學術貢獻等我不去說，以免有王婆賣瓜自賣自誇之嫌。「桃李不言下自成蹊」，我相信讀者和學界的鑑賞判斷能力。我的論文在實現了創新、深入、開拓、提昇的同時，也可能有這樣那樣的瑕疵、缺點、問題甚至失誤等。曹植講，「世人之著述不能無病」（比如這一句似乎不必注明出自某篇收入某文集由某出版社某年出版見某頁等）。故歡迎學界同行不吝賜教批評指正。而善意的誠懇的批評指正是有利於提高水準繁榮學術豐富學界生活的。

最後，在本書出版之際，謹再次向關心支持過這本書的各界人士、向關心支持幫助過我的人們、向喜歡和欣賞這本書的讀者致以由衷謝意！

張箭，西元 2012 年 8 月 7 日（農曆壬辰年六月立秋）於四川大學歷史文化學院（著者張箭，1955 年生於成都市。現爲四川大學歷史文化學院教授，歷史學博士／博士後，博士生／博士後導師）